愛是從日子裡
透出來的光

目錄

出版序

傾聽「樹」的歌唱

真如

在靜謐的樹林中，抬頭仰望著一棵棵樹，適時正有清風徐徐拂來，似乎所有的樹葉都在沙沙振響，那一刻的心湖明靜而柔軟，好像要對藍天輕語著什麼……

陽光，正把它的熱情和光明，透過葉子灑下來，每一片葉子的形狀、葉脈、都在碧藍的陪襯下清晰呈現。我不禁常常驚歎是怎樣的神祕之手，雕刻了這精彩紛呈的美麗。每一棵樹都那般風姿獨具，幾多蓬勃，幾許可人。可是它們在大片的森林裡，有幾人能走近欣賞觀看，那每一片樹葉在風中雨中繁華與凋零，陽光月下怒吼與淺唱。看那楓樹，在北國寒意漸濃之時，正是它們盡顯生命的璀璨之際。每每值此，欲將珍貴美景寄與天下人共享。

每個人生命中，最細緻、最燦爛的那個部份，也許只有他自己，或是跟他親近的人才知道。他們，就像一棵樹，蒼勁地散發堅強的氣息。他們在受傷之後，森林悄悄收藏了他們的哀哭與無奈，他們努力地尋覓著生存的堅韌之力，經歷多少頑強的內心之戰，終於小心翼翼地把傷痕復原，從再次地枝繁葉茂到令人驚歎！他們迎接了生命的大風暴，在幾度摧殘中毅然璀璨綻放！像一棵樹般，他們謙虛地對整個森林釋放著愛與奉獻的信息，以個體生命的強悍溫熱著整體。

一棵桂花樹的淡淡清香，也許會觸碰到你靈魂深處的甜美的寧靜。

究竟，他們曾經歷怎樣的風霜雨雪？那美麗的深藏於年輪中的精彩記憶，在何樣的陽光下開始優美昇華？在怎樣的鏡湖中看清了自己的模樣？是什麼喚醒了他們心中的巨人之力，將沉睡的荒原，開放為直到天際的鬱鬱森林與燦燦樹花？

有人願傾聽這每一棵樹的哭聲與吟唱嗎？

我真摯地邀請所有的人，和我一起凝視這些精彩的心吧！這些在苦痛中掙扎著，終於開出燦爛心花的勇敢的人們，他們動人的身影，就和你我一樣，行進在這個世上。可能，讀這本書，就像人生中的一次深情回眸。注視到了那個和我一起經歷過人世的風雨、經歷過人世災難洗禮的同伴，他是如何精彩地活著，而他的精彩，到底有怎樣細緻的輪廓、顏色、形狀？這精彩是如何發生的？親愛的讀者，你不想欣賞嗎？

就像我看到的一樹美景，在很多年前，有了一種想把它獻給大家的心情。它，終於出現了。所以，為這些精彩的心隨喜，並加油吧！也為你自己的美麗、為你自己的勇悍、為你自己的不屈，為你自己的善良喝采吧！

因為我們同行！

寫在二〇一八年，亮點書系開啟時

推薦序

不需要最完美，只要夠好就好了

國立臺北教育大學心理與諮商學系教授　孫頌賢

即使我們都長大了，可是大部分的人內心還是脆弱的，不會因為彼此相愛就能夠過著幸福快樂的日子。

我後來開始相信老一輩所說的，找對象最好找門當戶對。所謂門當戶對是什麼？我有一些個案，爸媽會提醒自己的女兒到男方家作客，要觀察男生的媽媽怎麼照顧家人，這可能就是未來女兒需要成為的樣子。家庭的價值觀、生活方式是否契合，這就是門當戶對。當然戀愛中的男女會說，「我們相愛，一定可以克服。」但事實是人常常不夠堅強到足以面對所有傷害，就算真的很愛對方，堅持下來了，過程也要經歷很多苦難。

這本書中的五對夫妻，能成功度過婚姻裡的一些危機，我想是因為他們都有一個成功面對的過程。

這個面對的過程，就是創造一個心理的空間、調節的空間，雙方願意停下來聽聽彼此心裡的話，而不是急著宣洩自己內心的不滿。很多時候，是透過衝突或是苦難，才有辦法「讓空間」，一對日常過得無憂無慮的夫妻，等到真正發生爭執的時候，是很難讓出那個空間的。

書中的五對主角面臨到關係破裂時，反而是一個契機，映照出夫妻各自的心理狀態，真的到了關鍵時刻，兩人才有辦法去思考說：「到底我們之間發生了什麼事？」我覺得比較傷心的是，通常都是到了受不了的地步，我們才會去反省、才會有一些改變。

這時，誠實是最重要的核心，願不願意誠實面對自己的傷？還是自己造成的傷？而夫妻關係中，以真的傷到對方、犯錯的人來講，他需要去坦承：

「對，你身上那個傷口是我造成的。」這真的不容易，人會自然想要逃避被責備的痛苦。但我覺得你欠人家東西，也要釋出誠意，等對方願意給你機會還，就像〈無論晴雨，人生有你〉故事中的先生，願意誠實面對，並且努力重建、修補關係，讓關係比較圓滿。

或許在讀者看來，這五對夫妻因為學佛而讓他們有一些改變，但不論是佛法也好、還是課程也好，現代人會去學習這些，都是他們想要去面對自己原生家庭的創傷，希望進入婚姻關係後不會再增加新的傷害。這些都是有幫助的，會讓自己知道說，該如何去安頓。

每一對夫妻的婚姻關係，多少都帶有受傷的感覺。我覺得好玩的是，雖然不美滿、有點受傷，但因為兩人都願意在相愛的關係裡做很多好事，讓彼此記得、常常感覺到關係的連結，婚姻中受傷的成分，相對比起來就沒有那麼多。可是當一個關係中的傷口不再是小傷了，而是已經發炎流膿，就不應該假裝很快樂來包裝它。

總結來說，每一對夫妻關係都需要在婚姻裡面有一個心理空間，可能是一個節慶，可能是一個習慣，有些夫妻希望一個月當中一定要約好喝杯咖啡，或是等到孩子睡了，可以坐下來好好談話，都好。只要在婚姻關係裡面，夫妻都願意誠實面對彼此，誠實地說：「我覺得我很難過，我們都不要騙自己。」

這個時代每個人都很辛苦，其實多一點要求都是對彼此很大的壓力。

我對現代人最大的建議，就是我們不要再為難彼此了，有的時候我們對婚姻太理想化，可是對方不一定做得到，那必然會感到失望。我常常覺得我們要降低標準，只要夠好就好了。

曾經我遇過一對夫妻，婆婆要求他們每個週末都要回婆家，但太太不想。先生不能理解，他覺得回家吃飯，太太也輕鬆啊！太太回道：「那是你家，不是我家。」兩人互不退讓，直到後來，先生願意放下，只要太太跟公婆見面能微笑、不吵架就好了；太太也是，只要不用每週回去，偶爾忍耐一下做個好媳婦也不是不能接受。

就像這個例子，或像《愛是從日子裡透出來的光》裡面的五篇故事，不需要要求最好、最完美，每個人都需要去學習，只要夠好就好了。

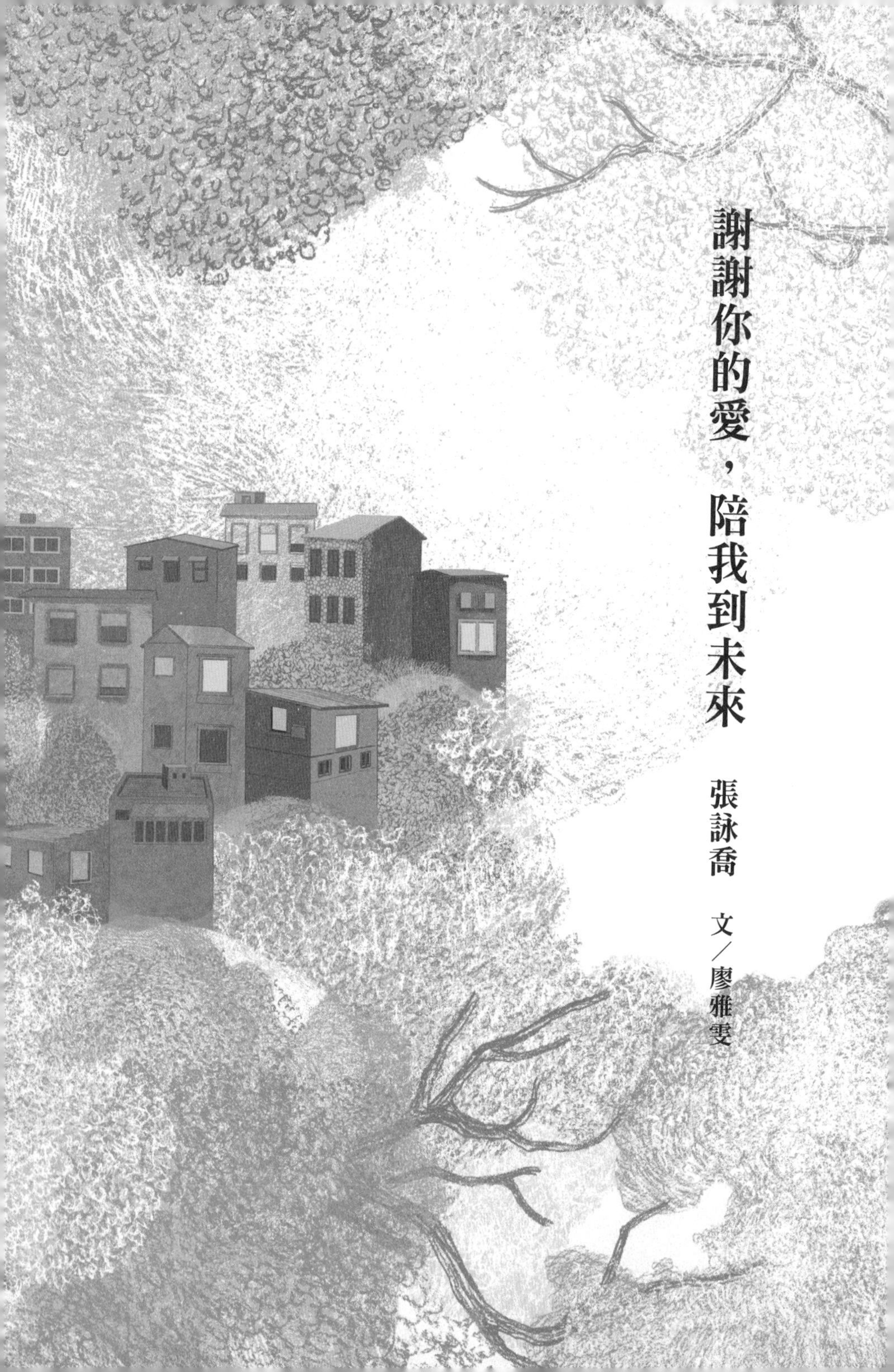

謝謝你的愛，陪我到未來

張詠喬　文／廖雅雯

「痛苦從哪裡產生？錯誤的理路。想錯了生命就越來越苦；想對了，生命就越來越快樂。如果越想越痛苦、越想越痛苦，要趕快從你的思路裡把心拉回來，這個方向顯然是不對的；如果越想心裡越慈悲、越寬容，那麼這樣的思路是我們應該採取的。」

《希望・新生》四季法語 185

結婚不是愛情的解答，包容和尊重才是。

我三十八歲那年，遇到了我先生。

當時我剛結束一段糟糕的感情，我和前男友交往了八年，卻在某一天接到了一個陌生女人的來電，劈頭就問：「妳是誰？」

我是誰？我才想問妳是誰咧！但我隱隱覺得不妙，於是沒有出聲，果然下一秒就聽到了那個熟悉的名字。

「我問妳！妳跟我老公認識多久？妳知道我和他結婚五年，小孩也已經兩歲了嗎？」

恍如晴天霹靂，我用力抓緊手機，只聽到電話那一頭女人繼續說道：「上次我抓到的那個，說跟我老公在一起五年，妳又跟他在一起多久？」

天啊！這個男的跟我交往期間不但偷偷結婚生子，還出軌劈腿不只一個！我氣到差點吐血，立即分手不說，還與朋友吐苦水。

朋友為我抱不平，同情地說：「妳也太悲慘了！這樣吧，我幫妳介紹優質對象，妳喜歡什麼類型的？」

「我喜歡長得帥的。」我想，既然前男友長得醜也會劈腿，還不如找個帥的，至少看了賞心悅目。

朋友隨即從手機裡調出幾張男性照片，我一眼就看中了一個斯文俊秀的男生。

「妳怎麼不挑另外一個？」朋友說：「我覺得另外一個比較帥。」

我看了看，是還不錯，「但我覺得他看起來個性不好。」

當了多年的老師，我帶過無數的學生，自認從外表就能看出一個人的氣質性格，而且或許是眼緣吧！我再次肯定地指著那個斯文男生的照片：「我就喜歡這個。」

我沒想到朋友的一時興起，促成了我和先生的相識相遇，並且真的和這個人走入了婚姻的禮堂，畢竟在交往之初，沒人看好我們能夠修成正果。雖然同樣從事教職，也都在福智團體裡學習《廣論》，有共同的話題，但我們從個性、價值觀以至於生活方式都存在相當大的差距，即便喜歡著彼此，仍時常為了一點小事爆發嚴重的衝突。

我們之間最大的差異，是對於結婚的共識。

我從小就夢想著結婚，擁有屬於自己的家庭，縱使我工作穩定、經濟獨立，不再需要透過婚姻才能逃離娘家，但或許是童年的執念已深入骨髓，我永遠忘不了爸爸媽媽吵著要離婚時，爸爸說：「我們離婚！我只要帶弟弟走！」

從那一刻起，我就明白，我的爸爸沒那麼愛我。

他們後來沒真的離成婚，卻「分」好了小孩，我歸媽媽管，弟弟歸爸爸管。媽媽打我的時候，爸爸不會出面維護我；穿越馬路時，爸爸會放開我的手，轉去牽弟弟；我總是一個人在房間裡讀書，爸爸卻會陪著弟弟複習準備考試。

有好長一段時間，面對媽媽的情緒化和爸爸的冷淡，我感到十分憂鬱，半夜睡不著覺，在房間外的陽台踱步走來走去，想著要怎麼辦，才能夠脫離這個家。

說來可笑，那時還是個孩子的我，無法自己生活，想出的辦法就只有嫁人了。於是從那一刻起，我就渴望結婚，我想要找到一個愛孩子的另一半，他要對孩子好，不論男女一視同仁，不能讓我的小孩，和我有一樣的成長經歷。

男友和我不一樣，出身務農家庭的他個性理性、務實，做什麼事都要再三思量、謹慎評估，加上男生比較沒有年齡焦慮，他覺得兩個人這樣在一起也很好，實在沒必要急著結婚，全然不顧我已經年屆四十，想趕快成家的心情。

媽媽的改變和犧牲，是全部。
所以不管你做了多少，對媽媽來說都是不平衡的。

我們三天兩頭為此大吵，卻又捨不得分開，就這麼交往了一年，他邀請我和他的家人一起到日本旅行。

訂房時我就覺得奇怪，為了訂一個附加廚房的公寓房型，男友家選擇了偏離市中心的民宿，「有廚房可以自己煮飯。」男友說。

煮飯？我們是在日本耶！為什麼來日本玩還要自己煮飯？是誰要煮？但我沒有多嘴，以為男友都安排妥當。反正不要叫我煮就好了，我那一手的爛廚藝，只怕沒人敢吃！

結果到了吃飯時間，所有人面面相覷，「吃什麼？」

男友的母親擺擺手，「別看我，都出來玩了我要休息！不煮飯！」

「喔，那就隨便吃一點吧。」大夥聳聳肩，直接拿起超商買的仙貝零食吃，吃完就回房間休息。

「就這樣？」我不敢相信地問男友。

男友理所當然地回道：「對啊，要不然咧？」

「但……但這不是正餐啊！」

「可以吃得飽就好。」男友無所謂地說，丟下我一個人孤零零地待在客廳，又餓又委屈。吃零食也不是，出去吃也不是，民宿位於住宅區，走得到的距離根本沒有餐廳，我不會開車，出遊的幾天出入都是仰仗男友，只能無奈妥協。

我不懂這一家子怎麼對吃飯這麼沒有慾望？租了個帶廚房的民宿，沒人煮飯他們也就湊合著吃，沒打算出門覓食。我也沒有要求大魚大肉，但來日本十天，我竟然瘦了兩公斤，這合理嗎！

回國後我忍不住跟男友大吵，「你們家真的很誇張！哪有出國旅行節儉成這樣？」

「妳怎麼意見那麼多？」

「我意見多？」我氣結，「是我的問題？」

「好啦！知道了！」男友不耐煩地說，「以後妳和我家人不要一起出國就是了。」

結論怎麼會是這樣？我翻白眼，「這是重點嗎？」

男友還一副莫名其妙的模樣，「不然妳要怎樣？」

跟這傢伙真是有理說不清，任憑我幾番解釋，他都聽不進去，甚至變本加厲地約束我的行為，「為什麼要買這麼貴的水果？」、「可不可以不要亂花錢？」教學工作之餘參加交響樂團的我，正為了年後的演出忙得不可開交，還要忍受男友的碎唸，我感到心力交瘁，每天都煩得不行，想要直接大吼叫他閉嘴！

「我覺得好累，而且胃脹脹的，很不舒服。」我對同事說：「我想去

醫院照個胃鏡檢查一下。」我不禁恨恨地想，肯定是那個男人氣出的毛病，整天就知道氣我！

同事聽了猶豫地說：「妳要不要先驗孕？說不定是有了。」

有了？怎麼可能！年輕時做過檢查，婦產科醫生說我不易有孕。我心裡這麼想，手卻不由得撫上小腹。

算算生理期遲了兩個星期，難道……真的是有了？

我懷著複雜的心情買了驗孕棒，就如那隱隱的期待，檢測結果忠實呈現兩條線，在我毫無準備的情況下，小寶貝來到我的生命中。

我覺得一切都好不真實，一整天都恍恍惚惚，彷彿飄在雲端上，不知道何時才會落地。幾次我看著男友欲言又止，算了，眼看已經夜深了，再找個適當的時間跟他說吧！

我藏著只有自己知曉的小祕密，欣然入睡，察覺到不對勁的男友沒有因此放過我，輾轉反側還是忍不住問：「妳怎麼了？今天為什麼一直都不

我不只想要結婚，而是想擁有美滿和樂的家庭生活，
這樣的願望，會太奢侈嗎？

講話？」

「沒有啊，明天再跟你說，很晚了，先睡吧！」

男友扯我的睡衣，執拗要我說清楚講明白，「不行，妳這樣吊我胃口，我會睡不著。」

我翻身面向他，警告道：「是你要聽的喔！」

男友點點頭。

「我懷孕了。」

男友嚇到瞬間從床上爬起來，「妳在開玩笑？」

我撇嘴，「我才不是你，我從來就不喜歡開玩笑。」

「所以是真的？」男友慌亂地走來走去，「怎麼可能？妳是怎麼發現懷孕的？妳再說詳細一點。」

誰理你啊，孕婦很需要睡眠好嗎！我拉起棉被蒙住頭，逕自睡得香甜，隔天醒來看到男友眼底掛著兩個大大的黑眼圈，充滿血絲地看著我，

「妳昨天有睡著嗎？」

「當然。」我說，「因為我懷孕了，變得很好睡、很愛睡。」

一聽到關鍵字，男友抓狂地搔頭，而後哀怨地跟我說：「我一整個晚上都沒睡……」

「幹嘛不睡？你不睡也不會改變我已經懷孕的事實。」我理直氣壯地說。

男友懊惱地嘆了一口氣，「這件事不在我的預期之中……我還沒想好要做爸爸……」

和男友相處這麼久了，我很清楚他不是在推卸責任，而是單純「沒想好」，他是一個做事很有計畫的人，尤其是牽涉到人生的重大決定，他需要很多時間思考，但小寶貝無預警地來臨，強迫他加速改變，正是因為沒有想過要放棄這個寶貴的生命，更是感覺到莫大的壓力。

和男友不同，我很迅速接受了這個意外的驚喜，坦然地做好了當媽媽的心理準備，不管男友最後怎麼決定，我都一定要留下這個孩子。

我們開始討論結婚，既然雙方都不想拿掉小孩，結婚就是必然的結果。我不奢望多豪華的婚禮，但我不能接受連個簡單的婚宴都沒有，我是那麼一直想要結婚，我的親友也期待參加我的喜宴為我送上祝福，男友卻認為結婚是我們兩個人的事，何必大張旗鼓地宣示。

這下我都搞不清楚他究竟是真心這麼想，還是節儉到不想辦婚禮？我和男友為此大吵，吵到不想結婚了不說，還直接爭奪起孩子的扶養權。

身邊的朋友看不下去，跳出來協調，廣論班班長勸我們說：「兩個人的想法和意見都很重要，若是太不一樣就要折衷，彼此退一步。」這句話彷彿預言了我們未來的婚姻生活，到了後來我才明白，結婚不是愛情的解答，包容和尊重才是。

但是在當時我還不懂得這個道理，我與先生婚前的不合，不會因為一紙婚約的束縛就有所改善，我們的生活背景、價值觀大相逕庭，驀然湊合在一起，又不想辦法融合，只會產生更多的摩擦。

結婚頭兩年，我非常不快樂。

我發現只有我一個人意識到已經成家，先生卻還在按著他單身生活的步調走。如果只有我們兩個人也就算了，小孩的事我無法輕易妥協，因此當先生每每丟下我們母子去上他的課、打羽毛球，總是氣得我怒不可遏。

面對我的怒氣，先生不明所以，覺得我過於情緒化，不懂為什麼我在月子中心的時候，他週末不能去做義工，「妳在月子中心休息，小孩有人照顧，我不在也可以啊！」

我當然不是非要他做東做西，但小孩才出生一個星期，我也是第一次

夫妻之間哪有輸贏？
不管誰爭贏了，輸的都是我們的感情。

做媽媽，我希望先生多關心我、多陪陪小孩，這很過分嗎？

聽說男人不像女人，一懷孕就立刻成為母親，他們在寶寶三個月後，才有當爸爸的自覺。我想，給先生多一點時間，他會越來越好吧？可惜我的期待，卻換來一次又一次的失望。

先生寧可捐很多錢做慈善，不願意帶我們母子外出吃一頓飯；他一週七天，有六天晚上都要外出上課或運動，幾乎沒有留時間陪伴我們母子，我有時候好累，向他抗議，他反而無辜地說：「我問過妳，妳沒說不可以啊！」

這種事還需要我講，你就不會自己多想一想？我氣到都要炸掉了！你今天有老婆、有小孩，為什麼你會覺得小孩都是老婆的責任，你還是可以過著逍遙自在的生活？

所以當有人羨慕地跟我說：「妳好幸福喔，可以嫁給一個這麼棒的老公。」我都很想跟他們說：「那我跟你換好不好？」這一刻我似乎回到了寂寞的童年，曾經也有人對我說：「妳有這樣的爸爸真幸福。」可是我一點也感受不到。

其實我想要的很簡單，我只要多一點關心、多一點愛，不要讓我覺得這個家是我一個人的事，先生始終是一個局外人的角色。我不是全職的家庭主婦，我也要上班，下班回家後要做家事、要顧小孩，我要賺錢還要負擔全部的家務，那我為什麼要結婚？婚姻難道不是一加一大於二嗎？為什麼我總是一個人在苦撐？

我幾次和先生溝通，卻落得不歡而散，我們的想法差距大太，誰都無法說服對方。就說有一次我們全家出門，卻忘記帶尿布，兒子那會才七、八個月大，不可能靠一塊尿布撐一整天，我堅持要回家拿，先生嫌麻煩，竟說：「他不舒服哭一哭，哭累了就會睡覺了。」

我簡直不敢相信，「什麼叫做小孩哭一哭就睡著了？你捨得你兒子這樣哭？」

先生反問我：「小孩子哭不是很正常的事嗎？」

聽聽，這是人話嗎？

先生非但沒有意識到自己的錯誤，還總要跟我爭個高下，我翻白眼，

「你搞清楚，我們是夫妻、是家人，你就算吵贏了也是輸。因為你讓我不爽，你在家裡的日子就不會好過。」

我話都說成這樣，先生還是不明白是什麼意思。

「好，沒關係，我們把你的想法記下來，下次遇到法師的時候再問他，看你說的對不對！」我說。

後來我們帶著孩子參加福智舉辦的家長成長班，剛好遇到了南海寺的

尼師個別關懷家長的機會，我很幸運地報名成功，先生也很開心，這兩年來我們之間無數的爭執，彼此都需要佛菩薩的加持，內心才有力量繼續走下去。

法師聽完我的訴說後，先是勸慰我：「妳太累了，妳要注意自己的狀態，不一定每件事都要親力親為，可以讓爸爸分擔一些。」

我搖頭，很難，不是我放不了手讓先生照顧小孩，而是我捨不得讓兒子受罪，小孩子餓了、尿布濕了會哭，那是生理本能，不是故意找碴，沒有什麼哭一哭就好了這種事。

先生則是辯駁：「我覺得我沒有像媽媽說的那樣不為她和孩子著想。」

法師點頭，對先生說：「我承許你有為這個家著想和改變的心，但你的付出只有這麼一點，」法師伸出拇指與食指作勢比喻，「而媽媽的改變和犧牲，是全部。所以不管你做了多少，對媽媽來說都是不平衡的，這樣你理解嗎？」

我們一家人緊密相連，沒有誰能置身事外。

霎那間，我感到被同理的輕鬆與安慰，終於有人可以理解我和這個人相處有多苦，而不是只看到表面的好。我承認，我先生是個好人，他也沒有不愛我和孩子，但他的自我真的讓我非常疲憊。

先生的表情十分震驚，他從來就是被稱讚的一方，外人只看到我壞脾氣，對他大吼大叫，他也是這樣認為，卻沒想到他尊敬信任的法師反過來告訴他，是他的錯。

法師問先生：「你平常看到媽媽和孩子相處，你會想加入嗎？」

「會啊！」

「那這種時候，你是怎麼做的呢？」

先生猛然發覺，通常他看到媽媽在照顧小孩，他就覺得不需要再多浪費一個人的時間，自顧自地回到房間學習佛法去了。

法師諄諄善誘，「如果你真的很想參與媽媽和孩子的互動，那你就會加入，不是看到事情有人做了，就可以放下去做自己的事。」

這就是我一直以來想告訴先生的事，但先生永遠只看到了我的暴跳如雷，接收不到我想傳達的真意，看到今天法師對先生的當頭棒喝，我感到安慰的同時，也期許先生能夠聽進去，多照顧我和孩子的心。

我不只想要結婚，而是想擁有美滿和樂的家庭生活，這樣的願望，會太奢侈嗎？

當然幻想先生一夕之間就變成完美的好丈夫、好爸爸，確實是有點太奢侈了。先生的腦袋完完全全就是一根筋，連他家人都奈何不了他，結婚前我覺得他家人好愛他喔，明明沒有學佛，卻願意為了他全家人吃素，後來我才發現根本不是這麼回事，他們家會吃素全是他逼的，小姑就偷偷跟我抱怨過，他是如何對全家人情緒勒索，一天到晚宣導葷食會對地球造成多少傷害等等。

「嫂嫂，我哥沒有逼妳和寶寶也要跟著吃素嗎？」小姑問。

「怎麼沒有？」我說：「但我就跟他說，你提到一次，我就在你面前吃三次肉給你看，而且跟佛菩薩說都是你逼我的！」

小姑崇拜地看著我，「天啊，只有妳敢這樣對他。」

「所以他才會娶到我。」我開玩笑地說，惡人自有惡人磨，所以怎麼能怪我總是對先生大小聲？如果不直截了當地反擊回去，誰受得了他不斷地碎唸啊！

先生還不是一般的固執，對於認定的事，他會義無反顧地進行到底，吃素這件事也是如此，但先生拿我沒辦法，就把目標轉向兒子。

「兒子你看，吃肉就會像媽媽一樣變成暴龍，但是吃蔬菜就會跟爸爸一樣，我是可愛的腕龍。」先生仗著小孩子都會害怕暴龍，哄騙兒子吃素。

呵呵。我在一旁看了冷笑不說話。

果然兒子才不理他爸，先生一不在，兒子就對我說：「就算吃肉變得像暴龍也沒關係，我現在就是想吃肉啊！」

兒子從出生起我就是主要照顧者，因此兒子比較黏我，和他爸爸的感情就沒有這麼好，甚至生氣了會揚言「我討厭爸爸！我要把爸爸丟掉！」明明也不是爸爸的錯，遷怒罷了。

先生心裡面是很受傷的，怎麼爸爸生氣了，兒子毫不在意；媽媽生氣了，兒子卻衝上來又抱又親。「這落差也太大了吧？我那麼愛他，但他動不動就要把我丟掉。」

要我說這怪不了別人，只能怪先生自己。

先生從不買玩具給兒子，過年我帶兒子去百貨公司買新衣，他還會說風涼話：「兒子你要感謝你媽，因為你爸爸我是絕對不可能買這麼貴的

下定決心好好修復我和先生的關係，
第一步就是調整自己的心境開始。

東西給你。」自個兒務實節儉就算了，還要管到別人的花費上來，連我爸都看不過去，打電話來罵我：「女孩子不要裝賢慧，該讓男人付的就讓他付！」

我爸都這麼想了，請問兒子做何感想？

小孩子就更單純了，爸爸沒有帶來任何「甜頭」不說，還老是對他說教，就算爸爸是在教導他的生活態度，只出一張嘴的下場，就是引來小孩的反感。

「拜託！你也不看看你兒子才幾歲？他今天還在上幼幼班，不是你班上那些十七、八歲的高職學生，別拿大人的那一套來對兒子，他聽不懂！你要以身作則帶著他一起做！」我沒好氣地對先生說。

但先生嘴硬，耳根子也硬，堅持照著他的規則走，總是要一條道兒走到黑！

每次都這樣！自從跟法師談過之後，或許是有人理解我的苦處，也明白了先生的心意，讓我日後面對先生的固執不再氣到失去理智，也試圖感念先生的好，持續和他溝通，指出我希望他改進的地方。但先生永遠將重點放在「老婆又在生氣」上，然後開始數算他付出多少，才不是我口中那樣坐享其成。

——敢情法師的開導，是讓你學會跟我分辯你做了多少，不是完全沒有作為？

我說過多少次了，夫妻之間哪有輸贏？不管誰爭贏了，輸的都是我們的感情。你和我計較誰付出的多、誰付出的少，我看到的卻是我們的距離，感受不到一點溫度，我不禁懷疑，你是不是不夠愛我？

終於有一天先生的散漫不用心觸犯到我的底線，徹底點燃我的怒火！平常都是我在接送兒子上下學，但那陣子我工作繁忙，連續兩週的星期五我實在趕不回來，就拜託先生去接。

第一次去接先生就遲到了，我很不高興，再三叮囑先生下回一定要準時，先生滿口說好。

到了下一週，我風塵僕僕從外縣市搭車回台北時，已經五點多了，差不多是幼兒園的放學時間。

我打電話關心先生：「孩子接到了嗎？」

先生老神在在地回答：「我忙到現在，正準備出發。」

瞬間氣血直衝腦門，我腦子一片空白，只剩下咒罵先生的話語。我一路馬不停蹄地趕往幼兒園，同時瘋狂地透過通訊軟體罵先生。等我到達幼兒園，果然教室皆已熄燈，園區一片漆黑，我看到我兒子和老師站在大門邊那小小的身影，頓時心疼情緒上湧，加深了我對先生的怒氣。

我當下理智線全斷，氣得大吼：「只要叫爸爸來接就會這樣！氣死人了！」

這次我真的無法原諒我先生，他永遠不記得我們約好的時間，老是讓我和兒子等，對他抱怨他就找藉口說塞車，偶爾輪到他等我們的時候，他卻表現出不耐煩。

為什麼他只想到他自己，只記得他付出了多少？不是只有他一個人付出等待的心力啊！

但我還沒和先生吵出個結果，兒子先出了狀況，他開始哭鬧不肯去學校，到了學校也大哭不止，誰都無法安撫他的情緒。最終想盡辦法都找不出原由時，老師想起那天晚上我當著兒子的面發火的情景，立刻約了我們夫妻相談。

老師婉轉地說出她的推測，「我們是這樣想的，因為要來接他放學，所以爸爸媽媽吵架了，小朋友會不會以為是他害的，所以就不想上學了呢？」

我心頭為之一震，是啊，他本來就是個比較敏感的孩子，我怎麼會以為我和先生的爭吵不會影響到小孩子呢？

我覺得很難過，我想要給孩子的明明就是安全感和愛，不想讓他體會到我小時候的不安和無助，但現在我做了什麼？在我不斷數落先生的同時，沒有顧慮到孩子的存在，我以為這只是我和先生之間的問題，卻忘了我們一家人緊密相連，沒有誰能置身事外。

先生有錯，我就沒錯了嗎？

回想起和先生從戀愛到結婚這些年來的點點滴滴，雖然有無數的爭執，卻也擁有很多快樂，更別說我們還共同有了一個小寶貝，可為什麼我只惦記著那些不滿和抱怨，讓自己過得痛苦不已？

師長曾說過：「人之所以痛苦，是因為想錯了；人之所以快樂，是因為想對了，心開了。」

——那麼我，究竟是想錯了什麼，才讓自己不快樂？

我跟先生打從在一起就沒停止過爭吵，到後來我也習慣了，還說服自己「就這樣算了吧！」、「別跟他計較。」，反正我就認為這傢伙聽不懂人話，自暴自棄放棄去改善我倆的關係。

於是我把自己過得像是個偽單親媽媽，覺得自己很偉大，能賺錢養家、能照顧小孩、能打理家務，再去責怪先生的不作為，怪他不是凡事以我為主——我把從小對另一半的期待投射在先生身上，想像著我理想中的伴侶應該要能主動哄小孩、要在我疲憊的時候安慰我、要看到我所有的付出並給予回應，先生沒做到，我就認為他不愛我，自怨自艾，全然忽略他本來就不是那樣的人！

從情感上來說，先生就是一個徹頭徹尾的呆子，他不夠浪漫、不夠體貼，但他難道就沒對我好嗎？

不，愛情不是這樣計算的。

我反問自己，我常在心裡罵先生是小氣鬼，可他真的小氣嗎？他沒有逃避過支付房貸、孝親費等責任，每個月固定捐款給慈善團體，甚至考慮到我和孩子的未來，未雨綢繆地規畫了各式保險，只為給家人完整的保障，這樣的男人怎麼會小氣？其實我是知道的，先生不過是節儉慣了，不只是先生，婆家家人都是如此，就如我習慣了跟著家裡人出門，就是由爸爸或弟弟掏錢一樣。先生小時候家境不是很好，吃過很多苦，這樣背景長大的人，謹慎用錢是理所當然的！

我雖然氣先生說：「妳比較會賺錢，也比較捨得花，那就給妳花啊！」可是讓我在意的，究竟是先生花我錢的這件事，還是沒能看到先生的付出？

現在已是男女平等的新社會，有誰說一家之主非得是男性？就不能我來做那個支撐全家的支柱？或是兩人一起共同承擔？何況先生說的也是事實，我的收入比他高，我完全有能力做那個付錢的人！

家事也是一樣。

都說家事是「看不下去」的那個人做的，我和先生對髒亂的容忍度不同，我當然可以把家事留給先生做，但等待的過程，只怕難受的還是我自己。比如洗衣服，結婚前先生一個月只洗一次衣服，一次洗三桶，也算他還有點常識，知道把衣服、襪子和內衣褲分開來洗。我和先生不一樣，一個星期洗兩次衣服已經是我的底線了，我既然無法視而不見，也自願做這些家事，那麼我為什麼還有那麼多抱怨？

我想到每次和先生爭論到最後，就是比誰做了什麼、做了多少，誰也不服氣誰，都自認為這個家貢獻良多，所以總吵不出個結論。可笑的是，

我也反省自己，是不是只想著自己需要依靠，
而忘了關心先生的需求？

我們兩個都是有在學習佛法的人，竟然沒能對彼此觀功念恩，真心感謝對方，而是相互計較，把日子越過越糟。

深思過後，我豁然開朗，下定決心好好修復我和先生的關係，第一步就是調整自己的心境開始。

這並不容易，師長曾說過：「每個人的思考都有既定的迴路，因此你明明知道『觀功念恩』的概念很好，但遇到事情，你還是會沿著以往的思路去做。如果你想要改變，就要走一條跟原本的腦迴路不一樣的路線。」我發現我就是這樣的，我一直很努力對先生觀功念恩，以此來「安慰」自己，可我心裡還是存在著不滿，我不開心的根源並沒有被解決，我也沒有

真正感念到先生的恩德。

扭轉自我想法的同時，我也試著再次和先生溝通，並拋開自己的情緒，不要再想著為什麼事情都是我做，而是找出我最在乎的那個點：我很討厭我已經承擔了家務事，先生不但不感恩，還在後面嫌棄我做得不夠好。

若是以前的我，直接就會罵回去：「你不要命了？衣服我在洗、我在曬，你還敢挑毛病說我洗衣精蓋子沒蓋好？你看到沒蓋好不會順手弄好嗎？」

如今我特地找了一個時間，誠懇地對先生說：「我很不喜歡有人對我碎唸，我要是沒做好，可不可以提醒我一次就好，不要一直反覆叨唸我哪裡做得不對。」

我訝異地發現，當我換了比較平和的方式和先生說話，先生好像真的把我說的話聽進耳裡，不會一味認為我說的都是氣話。

他也比較少唸我了，有時候看到他瞪著眼忍耐的表情，我還會暗自竊笑：誰看不下去誰收拾嘍！這下輪到你了吧！

我隱隱察覺到語氣似乎很重要，但我還沒想透徹，朋友先點醒了我，常常聽我抱怨的她開玩笑地跟我說：「妳老公跟妳兒子根本是一個年齡層的，妳兒子四歲，妳老公可能才只有三歲！」

好、好像真是如此！別看我先生四十多歲的人了，還是名老師，但他跟我吵架的時候，跟個小學男生沒兩樣！

先生還曾經埋怨：「妳跟兒子講話語氣這麼溫柔，對我講話就這麼兇！」

我當然不承認對先生兇巴巴，我和所有人講話都是這樣啊！再說和小孩說話的腔調，那和大人說話能一樣嗎！誰都會情不自禁放緩語調。

但好吧！既然朋友都說了我先生的心理年齡跟兒子同樣歲數，我決定把對兒子的態度如法炮製用在先生身上。

「爸爸，今天辛苦你了，謝謝你來載我們回家。」

「天氣變冷了，去上課要多穿一件外套喔！」

「你要去做義工啊？你真棒！」

每天擁抱兒子告別時，我也會抱一下先生，或是拍拍他、稱讚他，我們是再親密不過的夫妻了，但生活多了一些自然的親暱接觸時，竟然能讓我們的情感起了莫大的變化。

先生先是受寵若驚，接著他的笑容變多了，彷彿受到了鼓勵，就像是個想要贏得老師更多讚美的小男孩，處處表現，不再需要我開口，先生會主動幫忙分擔家事；當我對發脾氣的兒子失去耐心時，他也會接手勸哄兒子；適時地調整他的課餘學習，只為多陪伴我和兒子……

有一天下班回到家，正想要洗衣服，就發現我為了節省時間丟入洗衣機的髒衣服，已經晾曬成一排了，而先生一臉邀功地看著我。

我摸了摸，傻眼地問先生：「衣服還沒有洗，你為什麼要拿出來曬？」

婚姻如同一場角力，但不是要彼此鬥個你死我活，
而是要相互施力，找到一個最佳的平衡點，
只有一方的退讓，會令婚姻變成不平等的遊戲。

「啊？沒有洗嗎？」先生驚訝地說，「可是我有聞過，還滿香的耶！」

我真是又好氣又好笑，先生難得想到要曬衣服，想要給我一個驚喜，卻連衣服有沒有洗過都不知道，可見平常就是一個家務小白。

雖然先生偷雞不著蝕把米，但他的這份心意，我真真切切地感受到了。

我也反省自己，是不是只想著自己需要依靠，而忘了關心先生的需求？

我覺得他是個成熟的大人了，又是男性，理應要支撐起更多的責任，像是童話裡的白馬王子，讓我從此過著幸福快樂的日子。卻沒想到我先生內心裡還住著一個單純的小男孩，不奢求權勢利益，只要求家人的愛。

原來只要我對先生和顏悅色，他就感到很滿足，「我老婆對我好溫柔，她一定很愛我。」

我不免覺得懊惱，天啊！那我從前做得要死是在做什麼？說再多、做再多，不如說句軟話有效！

想著想著，我不禁笑了出來。

其實我們夫妻都一樣啊！我們要的，一直是彼此的愛。

「老婆，我到幼兒園門口了，不如我先進去接兒子吧！」先生在電話另一頭說。

「等等！我也快到了，你等我一下。」我急忙阻止先生。

自從我改變對先生的態度，減少了家庭紛爭，兒子的情緒也日趨穩定，不再抗拒上學，但兒子看到爸爸單獨去接他都會不太高興，甚至鬧著不想回家，「我要媽媽接！不要爸爸！」兒子會這麼說。

我和先生一起踏入幼兒園，我慢了先生半步走在他後面，遠遠地就看到兒子衝過來，一把抱住先生。

「爸爸！」兒子臉上掛著大大的笑容。

「哇！爸爸今天一定會非常非常開心。」我揚起眉毛，高聲地說：「因為他期待你一出來就抱住他期待很久了！」

先生果然露出和兒子如出一轍的表情，父子倆看起來傻呼呼的。

兒子咯咯笑，「我今天讓爸爸高興，這是很大的善心。」

「對，你說的沒錯。」我給予兒子大大的肯定。

人的影響是一環接著一環的，先生和兒子的相處模式也有所轉變，我們家的爸爸終於意識到他兒子還只是個幼幼班的小朋友，他還是會對兒子說道理，但更多地會詢問兒子想做什麼、想去哪裡，然後帶著兒子去做、去玩。

教導兒子做家事時，也會率先牽起兒子的手，「來，我們現在去洗碗。」並且親自洗給兒子看，「看到爸爸是怎麼把每一個碗洗乾淨的嗎？

等下就輪到你了喔！」

「那爸爸，我的碗也拜託你們了。」我趕緊把吃完的碗盤放到水槽。

先生無奈地看著我，但沒說什麼，繼續清洗所有的餐具，和之前堅持只洗自己的碗的他，真是判若兩人。

難道言語的差異真有這麼大的力量？

我半信半疑，直到我打掃房間時，看到了先生的「善行日記」。

我依稀聽先生說，這是他廣論班長儲訓班的功課之一，我好奇地翻開來看——

我要謝謝太太，為我和兒子採購了保暖又好看的衣服。

謝謝太太，把家裡維持得整整齊齊、乾乾淨淨。

我很笨拙，都是太太為我關顧到家人的心情，站在我母親的立場說話，提醒我的不足，讓我知道需要改進的地方。

我相信，只要有愛，我們就能找到共行的節奏，
朝著幸福的未來走去。

我有一個很乖巧懂事的兒子，都是我太太把他照顧得很好。我能夠持續進修佛法，每週專心上課，要感謝太太對我學法的護持。……

沒有華麗的文字，一句句寫下的都是他最真摯的感想，用最樸素的話語，感謝我對家庭的付出、對孩子的照顧。因為他看到了，所以他也在反省自己，這個遲鈍又不浪漫的男人啊，以他的方式在表達對我們的愛。

我所做的一切，他都看在眼裡，並記在心裡，嘴上不說，卻以實際的行動告訴我，他錯了，他會改。

我想要的，只有這樣而已。

闔上先生的善行日記，我感動地笑了。

「咦！詠喬，好像很久都沒聽到妳抱怨老公又做了什麼蠢事，你們最近過得不錯喔！」一個要好的同事調侃我說。

我不禁臉紅，很不好意思地說：「就沒什麼好吵的，夫妻嘛，久了就好了。」

同事看著我笑，也不戳破我。

欸！也沒什麼好隱瞞的，認識我們的，誰不知道我們三天一小吵、五天一大吵啊，從婚前吵到婚後，幸好都是些雞毛蒜皮的瑣事，要不早過不下去了！如果不是因為兒子抗拒上學，我們夫妻可能都沒想過要改變——這改變還得是雙方的，婚姻如同一場角力，但不是要彼此鬥個你死我活，而是要相互施力，找到一個最佳的平衡點，只有一方的退讓，會令婚姻變成不平等的遊戲。

我花了那麼久的時間才找到我先生，其實要好好地珍惜他。

那天我和樂團裡的一個年輕妹妹聊天，妹妹就像從前的我，在感情的世界裡跌跌撞撞，渴望歸處卻不可得。

「詠喬姊，我也好想要一個跟妳兒子一樣可愛的小孩喔！」妹妹嘆氣，「但我找不到人跟我一起生小孩。」

「妳還年輕，別著急，先交一個男朋友享受戀愛吧！」我安慰她。

「唉！別說了！我老是遇到一些渣男，都對愛情感到絕望了。」

我被妹妹逗笑了，但回想過去，我又能感同身受。回家和先生說起妹妹的故事，拋去了無謂的爭論，現在我和先生無話不聊，說著說著，我突然有感而發，對先生說：「我要謝謝你很愛我，現在社會太多出軌、背叛的新聞，但你讓我從來不用去擔心這些。」

就我先生這個粗神經加直線條，我需要擔心的是他過於專注學習而忘記我和兒子的存在吧！我壞心眼地想。

所以我也不期待先生的回應，他是個連感謝都赧於說出口，只會偷偷寫善行日記的人，沒想到我卻聽到先生低沉又感性地說：「我也要謝謝妳很愛我。」

我抬頭，直直望入先生那一雙誠懇的眼睛。

或許我們未來還是會有許多爭吵，因為我們是獨立的個體，我們有自己的想法、堅持和習慣，難免會有各持己見的時候。但我相信，只要有愛，我們就能找到共行的節奏，朝著幸福的未來走去。

我從故事中看到的是，這位先生不是故意只做自己的事情，也不能說他是媽寶，因為在他的成長經驗中，可能從來都不需要主動顧及他人。整個文化對男性的期待與要求，影響了養成男性的過程，也體現在婚姻中的家務分工。

縱然不同的夫妻有不同的面貌，但與其在無止境的家務事上分責任，或是改變彼此的生活習慣，更應該關注的是：夫妻兩人怎麼解讀對方的行為？

關鍵在於他們有沒有花時間、花力氣去理解對方在做什麼、本意是什麼？這需要雙方願意說，建立一個對話的空間，去理解：到底發生什麼事情？你為什麼會這樣想？

然而讓出對話的空間並非容易的事。很多時候必須仰賴衝突的發生，衝突可以是苦難，亦能是契機。故事中夫妻的爭吵讓孩子嚇到不願去上學便是契機，促使太太停下來反思：我們到底發生了什麼事？

觀功念恩的過程，如同諮商中的調解技巧，移動自己的腳步，讓出心理的空間去理解對方、聽聽對方發生什麼事，並且我願意先不要急著講自己的需求。

我們對婚姻通常有著幸福美滿的理想，事實上可能不僅不能達成理想，還會相差甚遠。我們千萬不要去想像一個跟你不同文化的伴侶可以改變多少，他可以改變沒錯，可是他不會如你想像中的改變這麼多。所以我常常說，同是落難人，我們都來到這個世界中，估計兩個都是不完美的，所以不要計較太多，我們自己為伴侶的改變其實也沒有那麼多。

故事中的夫妻都處在一個覺得自己很對的感覺中，這稱之為「惡性循環」。太太覺得自己努力溝通，但惡性循環下的關係是，先生聽到的每一句都是否定，覺得妳連這個事情都要對我生氣。惡性循環會形成「追跟逃」的模式，先生是「逃」的那一方，最容易聽到「你就是在罵我」，所以他要躲避壓力，而這剛好是「追」的太太的痛點，因為太太要的是「回覆」。其實先生的本意是在乎太太，所以他才不喜歡太太言語中對他的指責跟否定。婚姻諮商時，通常是要讓逃的人先多說一點，才能解開惡性循環，這個先生是幸運的，因為他太太懂得欣賞他。

這個時代每個人都很辛苦，多一點要求都是對彼此很大的壓力。我在大學有開愛情的課程，我都會跟大學生講，現代的男性必須要覺察，你要會很多事情，要會整理東西、會打掃，最好還會煮飯，現代的男性才沒有這麼容易追到女朋友！

但不是只有男性需要改變，女性對於男性的理解是什麼？因為她可能會用「男性一定要做到什麼」來分享自己的感覺，才會覺得彼此的關係比較親近。但每個人都不是完美的，都有無法忍受的地方。愛情昇華到某種程度，是願意接納對方，這是很不容易的。所以我覺得也要改變的是，我們怎麼去接納、怎麼去看待男性？這亦是值得思考的關鍵。

● 讓出心理的空間去理解、傾聽對方發生什麼事，而不先急著講自己的需求。
● 避免陷入覺得自己很對、對方感到被否定所形成的「追跟逃」惡性循環模式。
● 不以自己的標準去期待、要求對方「一定要做到什麼」，每個人都有自己無法忍受的點，先試著學會接納，才有進一步的改變。

細數與你的溫柔歲月

陳怡菁 文／劉子維

「我們應該學會欣賞自己生命成長的偉大過程，它常常悄悄地發生在內心深處，可能外表看起來還是很糟，可是實際上已經對自己生命做了最深刻的挑戰、最偉大的奮鬥。這是一個非常輝煌的過程！」

《希望・新生2》心之勇士335

我習以為常的婚姻、家庭關係，像一層脆弱的地殼，
底下是熱浪滾滾的岩漿，只是等待時機噴發。

接小孩回家、備料、煮晚餐……我是一個普通的家庭主婦，結婚將近十年，這是我再平凡不過的日常。但在孩子小學二年級的某一天，我平靜的生活突然像火山爆發一樣，炙熱的爭吵，讓人遍體鱗傷。

那時我才驚覺，我習以為常的婚姻、家庭關係，像一層脆弱的地殼，底下是熱浪滾滾的岩漿，只是等待時機噴發。

那一天，我一如往常在廚房備菜，不經意一瞥，發現稍早交代先生幫忙啟動的電鍋，仍是關機狀態，明明是件小事，不知道為什麼，剎那間我的理智線「啪」的斷裂，還沒有意識到，已經怒吼出聲：「為什麼你沒有把開關按下去！」

我看著放下手邊工作迅速趕來的先生，腦中一片空白，不停地謾罵：「我吩咐你的事情，為什麼會忘記！沒有煮飯，等一下是要吃什麼！」、「為什麼你要讓我煮不了飯？」

失控的情緒化作一連串的言語攻擊，一向好脾氣的先生，被罵到忍不

住回嘴：「就忘記按開關了啊，那又怎麼樣？」

先生的態度讓我更生氣了，我分不清是什麼原因，只覺得一切讓我煩躁得不得了，而先生的不思反省猶如火上澆油。結婚多年，我們幾乎不在小孩面前吵架，但這次卻顧不了那麼多了，我怒火沖天，完全失去自制力。先生極力壓抑怒氣，狠狠地捶了牆壁之後離開廚房。

「我要離婚！」我衝著他的背影怒吼。

安靜下來的廚房裡，還瀰漫著剛剛吵架的火藥味。

「我怎麼了？我們怎麼了？」

彷彿隕石撞擊行星一樣，不只把星球上的草木生物燒焦，也撞出一個大坑洞，這個坑洞，是問號的形狀——為什麼我的婚姻會變這樣？

我的先生阿暐，是個老實木訥的人。從小孩的教養到家庭開銷，大多時候他都尊重我的決定，也很包容我的情緒。

以前的我真的沒想過會和這樣的一個男生在一起，但或許是命運的安排吧，和他交往的那一天，也是我生命中的巨大轉折。

那天晚上，我從爸爸的病房走出來，天已經黑了，纖細的下弦月，彷彿一把鋒利的刀，夏天的夜晚又濕又悶，我卻感到刺骨的寒意。

「就算出院，可能也要長期臥床。」醫護人員的話嗡嗡迴盪在我耳邊，我卻無力去思考——畢竟我才剛滿二十八歲呀！我萬萬沒想到，結束出國慶生之旅，在台灣等著我的，不是爸爸為我準備的驚喜，而是驚嚇！

由於好幾天聯絡不到爸爸，我一下飛機，就拉著行李箱直奔他的住處，不管我怎麼撥電話、拍門，爸爸都沒有回應，我從窗戶的縫隙，隱隱看見透著光的房間和躺在床上的爸爸。

最後我只能選擇報警。

警察破門而入，我看到爸爸床邊散落著針頭、粉末，「唉……才出獄幾個月，又吸毒了……」我在心裡嘆氣。但這次，比我小時候看到的都還要嚴重，爸爸從吸毒變成販毒，為了要調配毒品的比例，親身試驗，在劑量失控又沒有人發現的情況下，他已經昏迷好幾天，身體都僵硬了。

雖然送醫撿回一命，情況卻不樂觀，加上住院的醫藥費、出院後的照顧……我越想越絕望，好像要被黑夜吞噬一般。

這時候，手機鈴聲忽然響起，打斷了我不斷下沉的思緒。看了一下來電顯示，是僅僅認識七天的阿暐。他是朋友介紹的對象，和我生活圈的男生不太一樣，敦厚誠懇又很節儉。

「喂，有什麼事嗎？」

「我……我在醫院門口啦，妳有……有空嗎？能下來一下嗎？我有東西要給妳。」

阿暐手上提著一個塑膠袋，從身上衣服的皺褶，可以看出他度過了奔

每個人都是獨一無二的，有圓弧有稜角，有平坦也有崎嶇，
這無關強弱。要先能面對真實的自己，才能練習愛自己、愛別人。

波勞累的一天。

「這個給妳。」他把塑膠袋遞給我。接過沉甸甸的袋子，裡面是一罐罐的寶特瓶。

「這是什麼？」

「就……蜂蜜水啊，想說給妳在醫院喝。妳不是說，不太敢喝醫院的水嗎？」

頓時，一陣暖流湧上心頭，沖淡了緊緊包圍我的黑暗。不過是幾天前聊天隨口說到，以前我常陪爸爸跑醫院，可能是聞多了消毒水味，後來我就不太敢吃醫院的食物、也不太敢喝醫院的水。他竟然牢牢記得我說過的話！我很感動，但不好意思當面跟他說，畢竟才認識不久。

「謝啦，還麻煩你跑一趟。」

「沒什麼啦，我們做工程的本來就要四處跑確認進度，習慣了啦！」

空著手的阿暐，看起來有點手足無措，話都說完了，他還站著不走。

我手上的袋子好重，裝滿了他用回收寶特瓶洗乾淨後，自己灌進去的蜂蜜水。他是真的很有心，但也太重了吧，這是送女生的禮物嗎？我心裡忍不住吐槽。

「我先上去嘍？」

「那我以後還可以來陪妳嗎？」

「啊？」我沒料到他會這麼說，猶疑了一下，點頭答應了，「嗯。」

這一應，就是許下了一生。

我一直很感恩阿暐的出現，在遇到他之前，「平淡」、「安心」的感覺，幾乎不曾出現在我的生命中。

我的父母很年輕就生下了我，因為還沒準備好要當爸媽，兩人沒有結婚。我的外婆回憶初次看到我的情況：「第一眼看到，真的很可憐，一個小嬰兒，旁邊都是奶瓶，有的喝到一半，有的已經臭酸了。而且啊，唉喲，尿布不知道多久沒換了，大便都黏在屁股上乾掉了。妳媽跑去打麻將賺奶粉錢，塞點錢叫住在樓下的房東照顧一下，那房東喔，實在很沒愛心，反正妳沒餓死就好，其他什麼都不管。」

好在外婆一見到我，就決定把才出生十天的我帶回台東撫養。雖然我沒有那十天的記憶，但初到這個世上就得掙扎求生的「生存意識」，已經深深烙印在我的腦海裡。

比起跟著爸爸、媽媽在台北過著到處倒會、躲債的日子，在台東由外婆帶大，讓我的童年相對平穩。寒暑假，外婆會帶我搭客運上台北找爸媽，每一次都是不同的居所，但我也不是很在意。

我爸爸經營賭場，也簽六合彩，幻想能賺大錢，他說因為有痛風的老毛病，不能做粗重的工作，只能靠賭博為生，我不知道他為什麼不找其他工作，只知道他不是賭、就是躲、不然就是進出醫院，我和弟弟的生活費，都仰賴媽媽打麻將賺的錢。

雖然見面次數不多，但爸爸媽媽非常疼愛我，或許他們不是合格的父母，對我的愛卻沒有一分的減少。

真正讓我意識到我的世界猶如一棟破爛的小木屋，隨時可能崩塌，是發生在我上五專的那一年。

學校放假，我回爸爸位於新北市的家。週末下午，電視上都是一些綜藝節目，或重播的連續劇，我轉台又轉台。突然爸爸站起身來對我說：「我臨時有事出去一下，晚飯妳先自己吃。」說完便走出家門。

雖然爸爸沒有明說，但我清楚他約了人碰面，準備要交易毒品。沒過多久，樓下傳來爸爸大叫的聲音：「陳怡菁！」

下一秒，公寓的門就被警察踹開。「通通不准動！」我回過神時，已經被警察壓制在地上。我和爸爸一起被帶到了警察局。

在警車後座，爸爸低聲埋怨我：「妳怎麼沒有把毒品沖掉？」

我很震驚他第一句話不是關心我有沒有被警察的行動嚇到，而是怪我

我慢慢練習不以自己的做事角度為主、淡化與他人爭鋒相對的心態，同時，也更深入了解先生的內心世界。

沒有處理好。

爸爸繼續說：「妳很笨耶，大家都知道警察來之前，要把毒品丟到馬桶沖掉，這樣才不會留下證據。」

我不知道要說什麼，只能沉默。但我的沉默不是生爸爸的氣，而是自責，怪自己怎麼沒有及時反應，害爸爸被逮個正著。

後來爸爸想戒毒，請我幫他注射戒毒藥物美沙酮。我沒有幫人打過針，我好害怕，手一直抖、一直抖，抖到把裝著美沙酮的玻璃瓶摔破，我的手被割出一道傷口，一直流血，但爸爸視若無睹，他已經被毒品變成一個我不認識的男人了。

「爸爸會變成這樣，一定是我不夠好，我沒有當一個好女兒，我害他被關，連幫他打戒毒藥物都做不到，都是我不好！」

我看著神智不清、跪著求我的爸爸，不停地流淚，深深自責，覺得自己彷彿身處在地獄中——為什麼？為什麼我的爸爸會變成這樣？是不是我不夠獨立、不夠強大？所以，我才會束手無策！

強烈的不安全感席捲了我，我一直以為在家人的愛之下，就算和別人的家庭不一樣，我還是健康快樂地長大了，可接踵而來的意外與衝擊，仍然在我心中留下了陰影。

因此，當我認識了阿暐，我馬上知道，這是一個可以嫁的人。

阿暐一點都不浪漫，甚至他是我的追求者中最摳門的一位，別人送我名牌包，甚至送我車，但阿暐會在我上班時間，用公共電話打到我工作的日本精品店給我，我問他幹嘛不等我下班後再打，他很老實地回我：「因為打手機費用很貴。」

我真是好氣又好笑，可就是這樣的他，讓我覺得心裡很踏實，他追女生的手段不行、經濟實力也比不上，但他記得我說過種種小事，還為了我說過的話，特地為我送蜂蜜水到醫院。

他的個性也和我大不相同，我五專畢業後，到台北西門町當店員，收入頗豐，下班了就相約朋友去吃燒肉、喝酒，發薪水時，去東區買漂亮的衣服，每個月都存不了什麼錢，但我毫不在意。和阿暐去吃飯，他會斤斤計較點菜的分量，不留剩食，看似小氣的行為，卻是我最欣賞的地方。

阿暐以一種笨拙卻誠懇的方式對我好，明白地表現出「以結婚為前提交往」，那時我也快三十歲了，有了定下來的念頭，有一天晚上，我們走在台北圓環，阿暐以肩膀為我擋住擁擠的人潮，令我覺得非常安心，於是脫口而出：「所以明年這個時候，我們還在一起的話，就結婚吧！」

阿暐看著我笑了，「好。」

沒有浪漫的求婚，但一切是那麼順理成章，彷彿我就是要跟這個人在一起。

對於進入家庭，我沒有任何的不適應，最大的遺憾，就是爸媽不能參加我的婚禮。爸爸自從注射過多毒品倒下後，往後臥床了近十二年；媽媽在看到我有了一個好歸宿之後，或許是因為放心了，選擇結束自己的生命，離開人世。

沒有愛我的親人陪在身邊，我卻得遵從禮俗，在媽媽去世三個月內辦好婚禮。慶幸的是，我有一對善良親切的公婆，給了我莫大的支持。

婚後我很快生了老大，老大患有單側耳小耳症，即便沒有多大的影響，對新手媽媽來說，還是感到無比心慌，可我還沒做好心理準備，就又懷了老二，這時婆婆又診斷出疾病，不能太過勞累，種種因素加乘，結婚沒兩年，我就決定辭去西門町的工作，搬到宜蘭婆家，當起全職的家庭主婦，照顧年幼的孩子們。先生仍然留在台北工作，我們變成假日夫妻，只有週末才能團聚。

雖然和先生分隔兩地，我一點也不會感到孤單寂寞，公公婆婆對我太好了！婆婆會煮飯給我吃、幫我洗衣服，我要做的就只是專心陪伴孩子成長。

我不是希望他「變得更好」來讓我的生活過得更順利，
而是希望他能接納真實的自己。

要說美中不足的地方，就是沒有了工作以後，也就沒有收入，但我從來不用煩惱錢包裡沒有錢，先生每週都會翻看我的錢包，並往裡面補錢。我常說先生是一個節省小氣的人，可他對我向來很大方，只有幾次家裡花錢多，經濟困難時，他會勸我幾句：「老婆，可以省一點嗎？」、「不要再買團購了，我們家不需要吧！」

和人伸手拿錢，總有那麼幾分不愉快。

分居的生活沒過幾年，先生受不了和我們聚少離多的日子，毅然決定辭去台北的高薪工作，搬回宜蘭同住。

我們從公婆家遷出，有了自己的房子、自己的空間。我以為我們會過得更開心自在，殊不知，我馬上就覺得生活「不太對勁」了。

我突然間多了很多家事，衣服要洗、飯要煮，失去了公婆的協助，忙得團團轉，先生還老是對我說：「妳把妳自己事情做好就好。」

每次聽到這句話，內心就燃起熊熊怒火：「我到底哪裡沒做好？該煮飯的時候，我就會去煮，你下班回家哪一次沒飯吃？小孩我也都照顧得好好的，你到底還覺得我哪裡不好？」有時候忍不了，我就會質問先生。

「我沒有說妳不好，我只叫妳把該做的事做好。」

先生的回答，更讓我生氣。一起同住後，先生就像在玩踩地雷一樣，常常踩到我的雷區，讓我的生存焦慮爆炸，逼得我還以強烈的話語和行動，以不容置喙的氣勢，證明我的方法才是最好的。

我認為我沒有錯，先生也說不出我哪裡做得不對，就因為幾句話，我們的家庭氛圍變得越來越不愉快。

我也很不爽先生有意無意地挑剔我，像是提醒我：「老婆，碗筷要擺放整齊才比較好拿，不要亂放。」、「還沒洗澡不要躺上床，很髒！」我聽了都要翻白眼，覺得這個人怎麼這麼多規矩。

「老婆，火好像太大了，我幫妳關小一點喔？」我正在廚房做菜，先生走進來說。

「不要碰啦，你走開！」我下意識感到被冒犯：我明明就有留意火候，你為什麼要特地過來檢查我、挑剔我？

「老婆，我幫妳把菜翻一下，炒一炒喔？」

「走開啦，我自己會用！」我吼他，幹嘛多管閒事！我一個人就可以搞定切菜、洗菜、煮三菜一湯，為什麼你要來「幫」我？難道你不信任我有獨立作業的能力？

先生的好意不斷被我打槍，為了家庭和平，他選擇不和我吵，默默隱忍。我也不知道自己怎麼了，空氣中彷彿瀰漫著火花，一觸即發。

最後引爆我們之間戰爭的，竟是一個微小到近乎荒謬的「電鍋事件」，且就在我脫口而出要離婚的前幾天，我們全家剛去韓國旅遊。

那次旅遊，是八十多歲外婆的圓夢之旅。把我一手帶大的外婆，唯一的心願就是看雪，於是我們夫妻帶著外婆到韓國，體驗大雪紛飛的銀白世界。一路上，先生細心地照顧我的外婆，怕她老人家在雪地滑倒，怕她著涼，忙前忙後，就像照顧自己的祖母一樣，我深受感動。

但回國兩天，我就和他吵架吵到情緒失控想要離婚。

我終於察覺到我們的婚姻出了問題，已經無法粉飾太平。

那時候我們吵得很兇的，還有工作上價值觀的不同。

當我還是學生的時候，我便說過，我以後一定不要跟先生一起工作，因為我早有預感和最親密的人共事不會有好下場。

但我沒得選擇。

「農機維修？你確定？黑手的工作你會做嗎？」不怪我會如此驚訝，

正是因為我們關心、我們在意，
所以他人的事，才會激起我們的喜怒哀樂。

先生在營造業打拚十幾年，有一定的資歷，收入也不錯，驀然轉行，還是從頭開始創業，不安在所難免。但那時我和先生已經學習《廣論》有一段時間了，我知道先生目前工作得很不快樂，長期處於負面的狀態對他來說不是一件好事。

一方面是先天豁達的個性使然，另一方面是因為有學習的力量加持，想了想沒什麼好怕的，決定支持他，「你想清楚就去做吧！」

然而我不清楚他的創業將我也算在內，我以為我還是一個以家庭為重的主婦，有空去店裡幫幫忙這樣。

「老婆，我先去店裡了，妳忙完家裡的事就早點過來。」

我看了看時鐘，才八點，就應了聲好。

分別送先生、孩子出門後，我動手打理家裡，算準了時間做好午餐，拎著便當到達店裡時，恰巧是十一點。我招呼先生：「阿暐，來吃飯！」

先生脫下油汙的手套，一臉不悅的表情，「妳怎麼這麼晚來？我不是叫妳早點到嗎？」
我感到莫名其妙，「所以我不是來了嗎？」
「太晚了。」
「要不然那要幾點到？」我好聲好氣地問他。
「差不多九點就可以出門了。」
當下我答應了，隔天想想，我那麼早去幹嘛？農機行又不是便利商店，有那麼多客人需要我一早就去上班，還不如把時間留著做家事，再說了，我不煮，他哪來的飯吃啊？
先生久等不到我，擔心地打電話過來，「喂？老婆妳在哪？」
「我在家裡啊！」
「妳在家？妳為什麼還在家？」先生提高了聲音，「不是說好九點就要到店裡來？」
先生的質問弄得我也動了氣，「去了又沒事，幹嘛那麼早去，你以為我很閒啊！」

「妳……」先生啞口無言，「我不跟妳說了。」

事情這樣不算完，為了幾點到店裡的問題，我和先生反覆爭吵，誰也說服不了誰；其次就是經營上的衝突。

對於曾經在西門町精品店擔任店長的我來說，最重要的目標，就是讓踏進店裡的客人掏錢，能賺一筆是一筆，先生卻不是如此。

「老闆，我有一台割草機，放了一段時間之後，就沒辦法再發動了，想問看看怎麼處理？」

客人推了一台外觀看起來飽經風霜的割草機進門，先生連忙上前檢查。

「阿伯你這個小事啦，割草機放一陣子沒用，汽油在裡面會變質，阻塞到化油器。我幫你清一清，你之後如果不用，就把油箱清空再存放。」

先生一邊說，一邊幫忙迅速清理割草機。

「啊我需要買新的化油器嗎？」

「不用不用，我簡單幫你清理一下，你回去就照我說的存放，應該還可以用很久啦。」

「保養這樣多少錢？」

「不用啦，我一下就處理好了。」

阿伯笑瞇瞇地離開農機店，我在旁邊看得怒火中燒。

「你至少收點保養費吧？就這樣讓人家免錢？」

「這麼簡單就處理好的事，我也不知道要收多少，鄉親嘛，不要計較這麼多。」先生揮揮手說。

「怎麼可以不計較？你不收保養費，不然讓他買個什麼耗材也好啊，我們開店是做生意，不是做慈善耶！」我罵先生，先生不以為意，只當耳邊風，仍然按照自個兒的心意做。

我傻眼，哪有人是這樣做生意的！按照我以前的經驗，客人只要進門來，就是要從他口袋中掏錢，沒有一千也要有五百，要不然三百、甚至一

透過不斷觀察與反思，
看見更多不同的可能、覺察更多他人沒說出口的心情。

百也好，雁過拔毛，一點小錢都不能放過。

但先生開店像在交朋友，小錢不收就算了，竟然還開始挑客人！太嚴重的損壞，他評估後，會老實跟客人說無法處理。先生的說法是：「硬接來又修不好，也是浪費工。」

「你就先接啊，怎麼樣之後再說。」

「不行，機器要是修不好，我不會貪人家的錢。不要到時候我說一千，修不好，又追加到三千、五千。」

「你想得太嚴重了啦，報價修正也是很正常的事。而且那個客人看起來很有錢，他不差那幾千塊吧。」

「那也不行，我不是把東西賣出去就沒事了耶，我現在是做維修的，我的技術好不好，報價老不老實，人家都會看，而且我也覺得，腳踏實地很重要。」

「怎樣，你現在是說，你最老實？我就是奸商？」我忍不住懟回去，先生沒有回話。雖然沒有演變成大吵，但因為理念差異，仍是小吵不斷，進而影響到家庭氛圍。

為什麼會這樣？這是我想要的生活嗎？

當我靜下心來時，我會這樣問自己，然後我必須坦承，不，不是的，我並不希望跟先生鬧得這麼僵，我不想要離婚，我很在乎我先生。

那麼，我們為什麼會過得這麼不開心？追根究柢，是我的問題。

能夠反思自己的錯誤，源於我持續學習《廣論》之故。一開始是孩子們加入讀經班，為了同步與孩子學習，也為了更加理解孩子，我和先生進一步接觸《廣論》和關愛教育。

佛菩薩和老師教我的東西很簡單，就是讓我更認識自己。

而且我要很感謝先生對我的疼愛與包容，結婚多年以來，先生一直沒有變過，始終是那個笨拙又實在的阿暐，他不會說好聽話，卻會以實際行動表達對我的愛，像是往我包包裡塞錢，或是主動做家務。

說來好笑，別人家的太太都是因為先生不幫忙才生氣，我是相反，因為先生太喜歡做家事而生氣，多虧先生不跟我計較，總是把我們之間剛升起的戰火消弭於無形之中，才沒讓我們的對立更加擴大，也讓我得以冷靜去思考自己的內心。

回顧婚姻生活中，曾經在廚房發生的多次爭執，我發現，下意識拒絕先生的幫助，源於我出生以來的危機意識——一向堅強自主的我受到挑戰，於是將先生的善意，自動解讀成「他覺得我不夠好」，防衛心油然而生，不顧一切推拒所有的援手！

因為我是這樣長大的：在嬰兒時期，我奮力汲取點滴的奶水，在髒亂的環境中存活下來；兒童以至青少年階段，我要證明自己夠獨立、夠堅強，不需要父母的陪伴也沒關係；成年沒多久，父母就離我而去，即便阿暐對我很好，但我已經習慣了依靠自己，長久以來的習性依然無法改變。

我的所作所為都在向世界宣告：「我可以自己做到」、「我不需要幫忙」，彷彿我不變強，就會死。

但我還活著呀！

我有關心我的先生，有兩個小孩，有一棟屬於我們自己的房子。我並沒有死在骯髒的尿布堆中，也沒有步上爸爸的後塵。

我是我自己，被愛的陳怡菁。

即使童年顛沛流離，但我很幸運，我擁有外婆、爸媽、先生、公婆、孩子……滿滿的愛，我不需要也不應該用滿身荊棘來武裝自己。

卸下武裝，回歸宇宙的本源、生命的初始狀態、看見自己靈魂的核心。每個人都是獨一無二的，有圓弧有稜角，有平坦也有崎嶇，這無關強

實踐關愛教育，是一個持續學習、修正的過程，到現在，我已經練習到可以同時處理心情，也處理事情，也更擅長與人溝通。

弱。要先能面對真實的自己，才能練習愛自己、愛別人。

我爭強好勝的個性由於成長中的不服輸的求生欲。我嘗試靜下心來和先生溝通，讓我要強的內心卸殼。但承認自己的「弱點」，並不容易。

經過一段時間的心理建設後，我平靜地跟他說：「因為小時候環境的關係，我養成了凡事求好心切的個性。這不是你的問題，是我自己要面對的功課，我正在慢慢調整，請你等我。」我不帶任何偽裝，用最真誠直白的語言對他說：「現在我最親密的人就是你，連帶讓你承受我的情緒，也因為我最在乎你，我才會這樣反應，我覺得很抱歉。」

理解我的狀態後，先生並沒有袖手旁觀。他也調整了跟我說話的方式。他本來常說的「把妳自己事情做好」其實並沒有惡意，為了配合我，他願意改口成：「我可以幫忙嗎？」或是「有什麼要做的嗎？」

一樣的意思，不一樣的表達方式，我的「戰鬥模式」不再輕易被激發。如果感覺到氣氛緊張、爭吵又將一觸即發時，我會趕緊停下來跟他說：「這是我的問題，我正在改，如果我對你很兇，對不起。」

我慢慢練習不以自己的做事角度為主、淡化與他人爭鋒相對的心態，同時，也更深入了解先生的內心世界。

「衣服我自己洗就好，妳也不用幫我收，我自己會摺好。」

先生從我們婚前同居到婚後，都一直堅持洗自己的衣服和襪子。我本來也不以為意，反正多一事不如少一事，要晾的衣服少了幾件，當然樂得輕鬆。但學習了關愛教育後，我是真心想知道，為什麼先生會這樣？

「沒關係，我可以幫你一起洗。」

「我自己洗就好。」先生依然堅持。

「難道是覺得我洗得沒有他好？」我壓抑住又即將迸發的怒氣，沒有馬上讓負面想法脫口而出。

「老公，我之前有跟你說過，從小到大我總是習慣逞強，也覺得自己必須做得比別人更好，如果我的能力被質疑，我會覺得很受傷。其實像你一直堅持自己洗衣服，我會想說……是不是你嫌我洗得不夠好？」

「啊？妳是這樣想的喔？我沒有怪妳的意思，我一直都習慣自己洗，因為我的工作常會把衣服弄得比較髒，所以我自己洗就好。」從先生的回應，看出他很驚訝我有這樣的想法。

「我希望我們可以多分享內心的感受，這樣才不會有隔閡，一直帶著誤解過日子，累積到一定程度，就會一發不可收拾，像上次沒按電鍋的小事一樣，本來就不是什麼大不了的事。」我鼓起勇氣跟先生談「電鍋事件」。

「我不太知道要怎麼講心事啦，我就比較孤僻。」先生表情有點尷尬，吞吞吐吐地說。

一次、兩次、三次，我跟先生聊他的過去，才慢慢拼湊出形成他個性的原因。和我認知一致的是，先生天生是個善良體貼的人，但在學生時代，他被同學霸凌，留下心理陰影，往後硬是在柔軟的內心蓋上防護罩，保護自己不再受傷，能自己做的事，都不假手他人，也不喜歡跟別人建立太深的情感連結。

結婚後，先生的重心都放在家庭與事業，幾乎沒有其他朋友。也正是因為這樣，他自己處理情緒的方式，大多往肚子裡吞。

在他「忍無可忍」的時候，他不會打人，但他會打地板、打牆壁來發洩。有一次，小孩惹他生氣，他激動到重重地捶了一下地板，把自己的小拇指給捶斷了。

「老公，我知道你平常對我很好，我很感動。但我也希望你好，不要太勉強自己。你平常一直忍著情緒，忍到受不了，一口氣爆發，會嚇到小孩，對我們的關係也不好。」我溫柔地與先生溝通。

我也漸漸不對先生有所要求，我不是希望他「變得更好」來讓我的生活過得更順利，而是希望他能接納真實的自己，不要再壓抑，更不要再扮演他單方面認為的理想形象。

我深深感受到透過學習改變原有的想法，我的生命如同再次領受一陣和煦春風的吹拂，重新燃起生機。

關愛教育帶給我的，還有一個很重要的概念——先關注心情，再處理事情。

身邊他人的言行，引發我們的情緒反應，正是因為我們關心、我們在意，所以他人的事，才會激起我們的喜怒哀樂。那對於我們真心想陪伴的對象，「他的感受是什麼？我該怎麼做，才不會傷害到他？」這個想法，比事情本身處理得妥不妥善，更為重要。

有一次，先生下班回家，一臉得意。

「喔？有什麼好事發生嗎？」

「就上次那個客人啊……常常分期付款，我一直要去追錢的那個。」

比起我的「奸商」性格，先生心地善良，客人沒有足夠的錢一次付清，先生就讓他們分期付款。每到還款日，先生都要一個個去追款。這一年多來，我看在眼裡，但因為是他的決定，我就不干涉，只在一旁看著。我覺得我在「不與他人對立」課題上，已經有所進步。當先生追款追到身心俱疲的時候，我不責備他，嘗試同理他的心情：「對啊，你一定很難受，找不到人很生氣！」

「我上次討了好幾個星期，這次我追了三天就追到了，但一直找人真的很累。我決定了，以後不熟的客人，我就不會讓他們分期付款了，這等於是借他們錢嘛，沒算上利息，還要我自己去討，我幹嘛幫他們這麼多。」

先生一副下定決心的表情，讓我忍不住把壓在心裡許久的話，一股腦都說了出來：「你哪有在分熟不熟？你有哪一個是不熟的？來求你的，最後你還不是都會借？我跟你講，你如果要借，或是要讓他分期，你就做好心理準備，拿不回來了！我不是在意那些錢，錢拿不回來就算了，但我不喜歡你這樣生氣，生氣有多傷身體你知道嗎？」

聽完我這一連串話，先生沉默不語。我也驚覺，啊……原來我過去一年多，根本沒有真正接納他，沒有尊重他處理款項的方式，我還是在和他對立，我在等一個他「出錯」的時機，然後跳出來「指正」他。

學習改變自心也好幾年了，但我好強的個性與掌控慾，還是會時不時浮現，讓我想要和他人對抗。

面對杵在我面前，臉色從一進門的容光煥發變成灰敗頹喪的先生，我整理一下自己的情緒，語氣放軟對他說：「我不是故意要等一個時機來教訓你，你不好受，我是真的很難過，但我還在練習要怎麼去接納彼此的不同，你願意再給我更多時間嗎？」

不得不說，阿暐真的是一個很尊重我、很包容我的好先生。雖然我潑他冷水，讓他感到很受傷，但他還是願意繼續在我學習的路上，當我最好的夥伴。

而我的確在一次次的練習中，感受到自己又進步了一點。

最近我和先生去運動，他只帶了一個附把手的玻璃水壺，我問他：「你要帶玻璃水壺喔？要不要拿個包包裝？」他說：「不用啊，我用手拿就好。」一出門，玻璃瓶身就莫名其妙破掉了。

要是在以前，「你看吧」這句話，我一定會脫口而出。但現在，透過「先關注心情，再處理事情」的練習，我對先生說的第一句話轉變成：「還好嗎？」

當了這麼久的夫妻，我知道先生是一個很細心的人，不小心把水壺摔破這種事，他一定很錯愕也很尷尬，我更不該去火上加油。我避免了一場不必要的爭吵，也呵護了先生的情緒。事後我再深入思考——透過不斷觀

他就是他，他有自己的課題，而我希望他能發現自己的好，
因為他值得過幸福快樂的人生。

察與反思，看見更多不同的可能、覺察更多他人沒說出口的心情。

在我不斷的學習、練習之下，曾經雙方對峙到要離婚的夫妻關係，逐步回歸太平，農機店也順利地運作著。

隨著孩子漸漸長大，看著先生每天辛苦地搬機器、修機器，我試著問他：「有沒有考慮重新回去當房仲呢？你有專業證照，當房仲收入會比較高。」我知道先生當初決定轉行，是因為曾在房地產業累積了太多負面情緒，即使過了十年，要重拾老本行，他還是有自己的關卡要過。

我沒有催促先生下決定，而是在感覺到他心裡可以承受的時候，跟他聊聊，運用所學，深入探討對方的想法。

「我們之前談了這麼多次，你都沒有真的行動，為什麼這次，你積極地想回去當房仲呢？」

先生說：「我覺得現在這個團隊真的很好。」

我首先試著體會他的感覺——以前團隊帶給他的負面感受，新團隊給

他的新氣象。

我認真聽他說話，不帶價值判斷地去了解他考慮的面向、他的思路。等他說完後，從中找出想和他討論的看法，但過程中要時刻提醒自己，克制想要點出他疑點的衝動，畢竟不是要爭個輸贏，而是要關心他、陪伴他，一起解決問題。最重要的還是找出他的亮點。

先生決定重拾舊業，最大的亮點就是「勇氣」。

「老公我覺得你很勇敢，雖然以前當房仲有一些不好的回憶，但你還是決定為了家庭，再嘗試一次。」

經過一番深思熟慮後，先生身兼二職，既是農機店的老闆，也重新當起房仲。神奇的是，在雙倍忙碌的生活中，我們沒有像剛搬回宜蘭團聚時經常鬧得不可開交，也沒有像一起經營農機店時因理念不合而頻頻起爭執。

實踐關愛教育，是一個持續學習、修正的過程，到現在，我已經練習到可以同時處理心情，也處理事情，也更擅長與人溝通。我感到慶幸的是，先生在我們心理狀態都更好、更穩定的時候，決定重操舊業，如果再早個一兩年，我們可能又會手忙腳亂、爭吵不斷。

現在我不只在腦海裡進行有系統地思考，我也會在運用在日常生活中。我用通訊軟體LINE，記錄我思考的經過——是什麼事件？造成我什麼想法？我有什麼感受？我會和關愛教育的夥伴們分享，如果在記錄的過程中，發現我當下沒有處理好和先生相處的部分，我會如實跟他說我的想法，不再懼怕展現真正的自己，會被質疑為不夠好的弱點。

我深深感受到透過學習改變原有的想法，我的生命如同再次領受一陣和煦春風的吹拂，重新燃起生機。我也鼓勵先生繼續去上課。對比十幾年前，我希望先生去學習的心態，是截然不同的。

以前還抱有很重的對立心態時，我是希望先生被教好，我心裡想的是：「你不夠好，所以你應該要到廣論班去學習，師父會把你變好。」我想讓先生改改他的臭脾氣，去調整那些我認為他不對的地方。

但十幾年後的現在，我的想法變得很簡單——「我想與你一起快樂的生活」。先生不是這個家的搖錢樹，也不是我的救世主，他就是他，他有自己的課題，而我希望他能發現自己的好，因為他值得過幸福快樂的人生。

在不斷往前的學習道路上，我體會到，許許多多的人事物，都值得感謝。連原本讓我們起爭執的農機店，我都心懷感恩。有時候，夫妻倆在店裡，先生修機器，我滔滔不絕跟他分享我日常生活中如何實踐關愛教育，在課堂上又得到的什麼新的體悟，我越講，對學習的內涵，就越來越熟悉。情感內斂的先生，也在我持之以恆地引導中，越來越能表達自己的感

縱然有過爭吵，但憑著對彼此的重視，
互相扶持走到了今天。

受。

他再也不會講剛成家時常對我說的：「把妳自己事情做好。」現在他會配合我調整問話的方式，更會帶入討論，想跟我一起成長：「妳學那麼多，妳說說看？」、「如果是師父遇到了，會怎麼做？」

生命就像四季萬物，有自己運行的節奏。

因為搬到宜蘭當全職主婦，接觸到讀經班，又因為讀經班接觸到了廣論班，正因如此，我能用更開放的心，面對先生轉行；而練習關愛教育，在先生開農機店、重拾房仲工作的幾個人生轉折點中，促使我停下腳步，反思自我、改變自己，進而學習真誠地關心他人。縱然有過爭吵，但憑著對彼此的重視，互相扶持走到了今天。

先生再次穿上房仲的西裝，看起來已經不是十幾年前，那個剛下班，提著一大袋蜂蜜水，緊張兮兮地站在醫院前的小伙子。現在他是經驗老道的農機店老闆，同時也是帶著衝勁重回房地產市場的資深業務員。他是兩個大孩子的爸爸，是我學習路上的同學，更是我選擇不論晴雨，都要相伴一生的伴侶。

婚姻相談室

諮商心理師、國北教大心理與諮商學系 孫頌賢教授

每一段婚姻的開始，都一定會有一個對彼此的期盼，跟某種美好的連結，不同的人會有不同的語言，譬如說有人會覺得「我要跟你結婚，我不要讓你孤單」，或是說「我們結婚很好，可以一起賺更多錢！」其實背後隱藏的是，他想告訴對方：你值得擁有一個家。

在故事中，太太經歷原生家庭的創傷，先生肯定是知道太太的，選擇一起走向婚姻亦有原因。

這位太太她所經驗的創傷我們叫「童年逆境」，與一般創傷非常不同，它不是突然發生，而是長期在某一個情境下，很持續、反覆一直出現的影響，而且它還影響心理及生理。長期在一種不安全感的氣

氛中，好像自己沒有被照顧到，或是家裡常常讓人覺得很緊繃，就會形成一個特徵，讓人關閉自己的感覺，它有時候會讓人變得很激烈、有時候會當機，那種脾氣或情緒的調節，會突然間變化，讓人搞不清楚她為什麼做這件事情。她說的話跟真正要表達的意思可能天差地遠，譬如她可能會說「我不要這個婚姻」，但其實要表達的是她超害怕這個問題。這種創傷會讓一個人的調節能力變差，甚至會有很多誤會。

「童年逆境」的創傷很難覺察，太太甚至不知道自己是不是受傷了，因為承認自己受傷便意味說「這不是她的錯」，她不應該遭受這個待遇，她應該要再為自己的傷做一些管理。可是有些親子關係的傷是辨識不出來的，她不知道沒有被照顧、沒有被回應，已經形成了不安全感。

怎麼去改變原生家庭對婚姻的影響？夫妻都要知道，其實我們真的被原生家庭傷到了，要覺察這是一個問題，還要覺察：我其實這時候會做什麼？有時候太太在生先生的氣，也不是真的批評先生不好，而是在對她小時候受傷的部分吶喊、求助，所以她要覺察自己的行為，其實是創傷的重複。

有些夫妻很有安全感，我們講有安全感其實是一個非常情緒的、不是理性的一種看待人的方式，比如你只是聽到對方叫你名字的聲音就覺得很開心。沒有安全感的夫妻，即使是分不同地方工作，中間有很多自己的空間，他們還是不快樂，不管用任何策略都沒用；有安全感的夫妻，不管是一起工作，或是分居兩地，他們都是快樂的。

而為什麼要承認創傷呢？因為承認才有機會去問自己說，我到底要不要放下原生家庭對我的傷害，以及我要不要給原生家庭的家人一個機會，讓他們給我一些救贖、一些回饋，或是寬恕這個過程。

婚姻關係有很多創傷是，我們各自帶著傷，然後在婚姻關係中又增加新的傷。如何避免因為原生家庭在婚姻關係中產生更多的傷，必須要去面對那個傷是什麼，並且給自己、對方一個機會，讓對方可以還你。

這個故事裡的太太沒有先辨識出這其實是一個傷害、一個反應創傷的方法，是走不到下面真正的寬恕。

●辨識、承認原生家庭帶來的創傷，藉此去覺察受傷的自己會做出什麼行為，是不是創傷的重複。

●承認創傷才有機會問自己，要不要放下原生家庭帶來的創傷，才有後續重新給予他人機會與寬恕。

●建立夫妻間的安全感不能單靠理性溝通，最主要的還是非常情感性的連結。

愛是從日子裡透出來的光

韓玉章（化名）

文／李慰萱

「為什麼他會這樣？因為他很苦啊！事實上每個人都很苦，所以沒必要在彼此的矛盾上苦上加苦，一直要在他受不了的地方再去折磨他。何妨就給他一個空間，讓他可以度過毛病還沒改的這個時候。」

《希望・新生》四季法語126

愛情不僅存在於華麗的表面，更體現在相互的理解和支持上。

我生長在古坑，是家裡的長女，爸媽結婚多年後才有了我，自小待我如珠如寶，雖然家中務農，生活簡樸，但我可以說是被捧在掌心裡長大的。

大學的時候，因接觸佛法，一度想要出家，最後還是不捨家人的淚水而作罷，選擇成為一名老師，即便如此，我還是一心修行，沒想過要結婚，直到遇見我先生。

那時，因為自小受到爸爸對於藝術喜好的薰陶，我選擇到充滿人文藝術氣息的鶯歌教書，想趁著課餘時間多認識一下陶藝，下課後經常會前往鶯歌老街逛逛，欣賞精美的陶瓷作品，並學習手拉坏的技巧，久了，就和一間陶藝店的老闆娘相熟起來。

有一天，她熱心地跟我說：「玉章，我們店裡來了一位做陶的師傅，我覺得他跟妳很像，也是學佛的喔。你們應該會有很多共同話題，有機會可以認識一下，交個朋友。」

就在一個陶藝展上，一位斯文且擁有溫和笑容的年輕男士叫住了我，原來他就是老闆娘口中的那個師傅。

如老闆娘所料，我們雖然是第一次見面，聊起天來卻一點也不陌生尷尬，彷彿是已經認識多年的老朋友。

他好奇地問我：「我聽老闆娘說店裡有一位常來學手拉坏的老師還不太敢相信，年輕小姐有空都往台北跑，妳怎麼會想來玩陶土？」

「大概……是被我爸爸影響的吧！他雖然是個農夫，但他書法寫得好，國畫、水彩也難不倒他，連帶我也喜歡上藝術，才想說有機會學做陶，沒想到還滿好玩的，而且可以讓我的內心保持平靜。」

「我也這麼覺得！」他語帶笑意地認同我。「陶藝創作和學佛一樣，都是一種修行，可以整理自己的內心，沉澱、思考，然後把最美好的一面表現出來。」說起陶藝的他，眼裡彷若有光。

知道了我們擁有同樣的宗教信仰，之後他還特地畫了一幅觀音像與我結緣，我看著他的作品久久不能移開目光，內心充滿了共鳴和感動，而他只是微笑地看著我，沒有說一句話。

相處過後，我才知道他在學習和創作方面付出了很大的努力。他是一個非常孝順的孩子，知道家裡的經濟不好，父母為了生計辛苦，所以高中選擇了夜校，半工半讀，晚上念書，白天當學徒，跟著老師傳學習青花瓷的技藝，充實了自己的技能。後來因為對藝術很有興趣，不顧家人的反對，自食其力，工作賺錢，四處探訪不同的導師，學習藝術的精髓。

我對他如此的熱情與毅力佩服不已。

由於我們的生長背景太不一樣了，我清楚地記得，他追求我的方式一開始讓我有點意外。

我心中的愛情應該充滿浪漫的表達，包括贈送鮮花、體貼的舉止，以及精心策畫的約會。以前有個學長在追我的時候，曾經送我花，幫我買點心、飲料，甚至出外野餐，會細心地為我鋪上手帕才讓我坐下。

然而，我先生是一個極度務實的人，從不會浪費時間和金錢在華而不實的浪漫上。我們開車出門，他會說很難停車，讓我下車去買吃食；約會也總是去畫室、郊區。

有一次，我們花了超過一個小時開車在山上繞來繞去，路途中，他持續談論周圍的自然美景，不斷讚嘆竹子和樹木的姿態。

我在心裡暗自想：「他到底要說到什麼時候？應該帶我下車走一走，看看山上的風景了吧？」

但他仍然滔滔不絕，完全沒有注意到我的疑惑，帶我看過他認為的美

我深信孩子應該在充滿愛的環境中成長，
而不是在恐嚇和暴力的陰影下生活。

麗景色後，就這麼原車下山了。

此外，他也不會為了約會精心打扮，每次我們見面，總是看他輪流穿的就是那三套衣服，有些衣物甚至已經磨損、破洞，他也無所謂，仍然照穿不誤。

我覺得這個人怎麼一點都不浪漫啊，跟電影、連續劇上演的完全不一樣；如果要結婚，男生還是多一點體貼會比較好。

於是我佯裝抱怨地對他說：「偶爾也給我一些小驚喜啊，我也喜歡花啊什麼的……欸欸你聽到了嗎？」

然而，他卻是一臉正經地回答：「我們到公園散步，或是去景區健行時，不也看到很多花嗎？」

我不置可否地撇了撇嘴，心裡想著：「雖然我也喜歡大自然，但……那能一樣嗎？」

後來我才理解，愛情並不總像是浪漫的電影場景，更多的是一種真實的情感和相互理解。

我先生相信真摯的情感表達存在於日常生活中，將他認為美好的事物與我分享。雖然他不是手拿玫瑰的紳士，但我們之間的差異並沒有阻礙我們交往下去，我反而慢慢發現這樣的真誠和務實讓我感到安心和幸福。

他對這段感情非常堅定，積極追求我，我們的共同信仰和對藝術的熱愛，使我們度過許多美好的時光，共同在畫室學畫，互相學習陶藝，一起參觀畫展、去寺院禮佛、到大自然中踏青，這些活動與話題讓我們越來越契合。我體會到，愛情不僅存在於華麗的表面，更體現在相互的理解和支持上。

交往久了，家人自然注意到有個男孩子時常送我回來，媽媽就告訴我：「如果他要當我們家女婿，要來讓我看看他是個什麼樣的人。」

先生聽了我的轉述，立即備了禮，上門拜訪我的父母。

我們決定要結婚時，雙方的父母都很開心，爸媽一直很擔心我有一天會出家，我能找到自己的歸宿，他們總算是放下心來；先生家也是，學藝術以前，他曾想過要念佛學院，他吃不得肉、見不得動物屍體，全家都以為他是個怪人。

婆婆是總鋪師，承襲家業的先生二哥還豪爽地說要幫我們辦一百桌，最後還是先生說如果大辦，他就帶著新娘離席。

我們肯結婚，雙方家長高興都來不及，自然是一切都聽我們的，於是我們公證結婚，沒有穿婚紗、也沒有拍照，只簡單辦個幾桌，還是全素宴，親朋好友吃個飯，就這麼組成我們理想的佛教家庭。

然而婚姻這段旅程，就像蜿蜒的山路，沿途可以收穫美好的風景，但絕非一路坦途。每一個里程碑都是一道考驗，當迎來了自己的孩子，我們的生活面臨了巨大的挑戰……

我們的第一個孩子意外地來到我們的生命，在此之前，我們沒想過要孩子。

這個突如其來的嬰孩帶來莫大的衝擊，對需要安靜進行創作的先生來說，嬰兒的尖叫聲和無法預測的需求，令他焦慮不已。

「我還不夠成熟，無法成為合格的父親。」他洩氣地對我說。

他認為父親的責任非常重大，他現在不僅要對我負責，還要對孩子負責。這種巨大的壓力猶如一顆大石壓在他的胸口，讓他喘不過氣，不過短

對立只會使事情變得更加複雜，演變成無法解決的地步。

短幾個月，他就瘦了好幾公斤。

我完全無法理解先生的想法，即使時刻照顧孩子令我身心俱疲，也不影響我認為小孩的誕生是一件值得感恩與祝福的事。

兒子才剛懂事，初初學習走路，先生就對兒子實行嚴格的教育，我更是難以接受。他認為兒子應該遵循他的標準，否則就必須受到懲罰。

「走路不好好走，蹦蹦跳跳的，成何體統！」先生每天都在嚴厲地斥責兒子。

「小孩子還小，本來就喜歡活動，而且活潑開朗是你兒子的優點啊，你幹嘛動不動就罵他。」我好聲好氣地說。

「不從小時候開始教，是什麼時候要教？難道要讓他長大變壞小孩嗎！」先生不聽我的勸告，有時候看不慣兒子的舉止，伸手就直接往兒子腳上打。

結果先生一不在，兒子就活蹦亂跳，先生在場，他就會連走路都不知道怎麼走。看到兒子不斷地壓抑自己的特質，我感到十分痛心。

「我們應該要讓孩子覺得他是被愛的、被尊重的，而不是怕我們。」我曾經嘗試和先生溝通。

「以前我做錯事都是被吊起來打的！我這樣子已經很溫柔了，妳還有什麼好不高興的？妳太縱容他了！」他不滿地說。

但是體罰對我而言是不可接受的，我的父母對我極其包容。他們從不使用體罰，允許我表達內心的情感，在我情緒高漲時陪伴、理解我，並與我進行溝通。他們相信，讓孩子發洩情感並保持開放的態度，對於建立良好的關係是很重要的。

這種教育方式讓我建立自信心，知道自己想做與該做的事，並勇敢去做，而不是因為害怕父母的處罰，時時綁手綁腳。這也成為我教育孩子的方式，我深信孩子應該在充滿愛的環境中成長，而不是在恐嚇和暴力的陰影下生活。

而且到底誰是老師？誰更懂得教育？在這方面我才是那個說話更有分量的人吧！

但是先生的家庭背景複雜得多，他的母親是養女，父親是被招贅的，家中的經濟大權都掌握在祖父母手上，其餘人沒有說話的權利。他們家又實行棍棒教育，在他成長的過程中，他吃了很多苦，要在學業和家庭之間來回奔波，分擔父母的辛勞，但他不以為苦，反而認為這是一個鍛鍊的經過。

他把兒時接受到的教養，移植到自己帶小孩的方式上。他認為孩子在年幼時應該受到嚴格的管教，才能塑造他們良好的品行。

我和先生在教養方式上的極大不同，導致我們時常爭吵。更加引發我怒火的是，先生批評我媽媽。

「都已經三歲半了還不會自己吃飯！妳媽到底怎麼教的！」兒子三歲前都是給我媽媽帶的，他認為我媽媽把小孩的習慣都帶偏了。

「你沒有資格批評我媽！我們兩個都要工作，她是在幫我們！如果你這麼行，怎麼不自己帶小孩？為什麼要把小孩丟給我媽帶！」對於他把這些事怪罪到我媽頭上，我感到非常憤怒，為媽媽說話的同時，也忍不住帶出一些尖銳的話語。

先生吞不下這口氣，不客氣地對我說：「妳說妳媽幫我們忙？小孩教成這樣，她到底幫了什麼忙！妳說我沒有帶小孩？我一直都在管教妳兒子，讓他變好，但是妳每次都護著他。妳這樣把他寵上天，他只會越來越沒規矩！」

雙方一步不讓，於是越來越針鋒相對。

當我們迎來了女兒後，先生的差別對待更讓我看不過去。

先生對女兒十分寬容，不管女兒做了什麼錯事，先生總是說沒關係，每天把她抱在懷裡，捨不得女兒受到一點傷；對兒子則非常嚴格，甚至在女兒出生後更加嚴重，只要兒子犯了一點小錯，他就大發雷霆，打他屁股

他也是付出一份愛，也有自己需要學習的地方，
不要用妳的期望和要求來束縛他。

或罰跪，常讓兒子像隻驚弓之鳥。

兒子有一天美語班下課之後，跑回家和我說：「老師今天問我們：『爸爸媽媽常常擁抱你的請舉手？』可是我都沒有被爸爸抱過……」說著說著委屈地哭了起來。

我安撫著兒子說：「有哇，爸爸在你小的時候常常抱你呀！你都忘記了嗎？」但兒子還是哭得很傷心，於是我轉頭對先生說：「你兒子說你從來沒抱過他，來來來，快點過來抱你兒子一下。」

「男孩子長這麼大了，還要抱什麼抱！」先生皺眉不悅地說。

兒子被爸爸嚴厲的語氣嚇到了，愣在那邊，不知所措。看到我先生如此激烈且不合情理的反應，我的情緒也激動起來。

「你幹嘛這樣兇你兒子，他只是希望得到你一個擁抱！」

就在我們之間的氣氛劍拔弩張時，兒子彷彿下定決心般，突然跑向先生，硬是張開雙手抱住了他，只見兒子臉上還掛著兩條淚痕，但還是故意

擠出笑容說：「好了，爸爸抱我了！」說完兒子便轉身離開，衝回房間。而先生則是一臉尷尬，像根木頭一樣直挺挺地站在原地，也不主動回抱兒子。

看到這一幕，我原本高漲的怒氣被滿滿的不捨取代。

我質問先生：「你是不是不愛你的兒子？」

「我就是很愛他，才會這樣對待他。」

「什麼意思？你如果很愛他，為什麼連給他一個擁抱你都不肯？你不是每天都在抱你女兒嗎？我覺得你只愛女兒，不愛兒子。」

「男孩有男孩的標準，女孩有女孩的標準，我用不同的標準來對待孩子，但我對他們的愛是一樣的。」先生理所當然地說：「像我們家都是男生，講話直來直往的，從小就不會這樣抱來抱去，但這不代表我們不關心彼此。」

先生繼續說道：「而且兒子以後是一家之主，要扛起家裡比較多的責任，所以男孩子就應該多磨練！」

雖然先生說起他家的相處和教育模式，讓我知道他並不是故意如此，但我就是無法接受他的雙重標準。

相對於他家在男生身上灌輸的思想和強加的壓力，我爸媽對我和弟弟則一視同仁，不會有差別待遇。我認為，不論男孩、女孩都應該在愛和關懷中長大，彼此都要互相扶持，而不是哪一方要承擔比較多的責任。

當我和先生無法達成共識時，我們開始互相對抗，然而對立只會使事情變得更加複雜，演變成無法解決的地步。

我想方設法要解決孩子教育這個衝突，沒有想到緊接而來的是更大的

挑戰——就在我先生事業達到巔峰的時候，他突然病倒了。

他只要一起身就會頭暈目眩、天旋地轉，什麼事也做不了，我們到處求醫都找不出病因，這讓我們極度無助。

這種疾病如同黑影一般籠罩著他，而我也跟著被拉進暗無天日的生活當中。先生每天都在經歷病苦的折磨，無力再承擔工作，這使得我必須成為家中的經濟支柱，一肩扛起所有。

我每天要在工作和家庭之間找到平衡，確保孩子們得到足夠的關愛和照顧。先生也變得越來越需要我的協助，他無法獨立完成日常生活中的簡單事務，疾病也對他的自尊心造成了沉重的打擊。原本平靜的日子，有了天翻地覆的變化。

我們兩個都不希望讓雙方的父母擔憂，所以我將所有壓力都藏在心裡，這使我感到悶悶不樂。

每天早晨睜開眼睛，我都極度疲倦。這份疲倦似乎永無止境，隨著日

認識自己內在的情緒，改變自己的應對方式，
學會更關心家人的需求和情感。

子的推移，越發壓得我喘不過氣來。我渴望有一點時間可以讓自己鬆一口氣，現實卻沒有這個奢侈的機會。當我結束工作回到家，還未獲得適當的休息，先生就會急於對我訴說他的不適。

一開始我還能認真傾聽他的煩惱，希望同理他的痛苦，但日復一日，充斥在家中的負面情緒讓我幾乎快要窒息。

「為什麼他生病我就得當他的垃圾桶呢？我也有我的情緒要抒發啊。我不想聽，我好想逃離。」

慢慢地，我心裡這樣的想法越來越大聲。我雖然盡力保持冷靜，試著維持往日的生活，踽踽獨行的腳步卻猶如走在陡立的懸崖上，一不小心就會失去平衡，摔落深淵之中。

終於有一天，我似乎受了風寒，身體十分不舒服，但當天在學校非常忙碌，又必須趕回家煮飯、洗衣、照顧小孩。在累得眼冒金星、快要支撐不住的時候，我開口請先生幫忙：「你沒事可以幫我洗個碗嗎？」

「我身體不舒服，沒辦法。」先生回答我。

我不滿地說：「你不是還可以開車載我嗎？而且我看到你今天還在校門口和警衛聊天，怎麼會說身體不舒服？」

聽到我這樣說，先生驀地情緒爆走，拿起一旁的電風扇用力往下摔，電風扇頓時支離破碎，先生大口喘氣，整個人像發狂了一樣。

「你現在是怎樣！發什麼脾氣！」我大聲問他。

不顧我的質問，他氣得大步轉身離開、摔門回房，「碰」的一聲就像要震碎我的心。我當下又驚又恐，就怕下一步他會理智斷線，把東西扔向我。

我真的完全無法理解他為何這麼生氣，只覺得他到底想要我怎樣，為什麼我整天忙東忙西，只是請他幫忙洗個碗卻是這個結果？也非常害怕他這樣的狂暴，是不是之後會變成來傷害我？

我再也無法忍受，直接抓起包包離開，只想一個人逃離這個充滿壓迫的家。走在街頭上，我感到驚慌和無助，不知該何去何從，而負面的情緒也如同到達臨界線的洪水，即將潰堤……

這次衝突之後，我再也不想浪費力氣與他溝通。也打從心底認為他很無能，覺得他沒有辦法做任何的家事，無法支撐家中的經濟，無法做好對孩子的教養，什麼都沒辦法做。

於是當他又想和我說他的病況時，我開始用尖銳的話語保護自己，並試圖想要傷害他：「我就不信你病得多重，明明就還能開車！你就不懂得稍微體諒我，幫忙一下這個家嗎？我也很累啊！」

先生確實被這些傷人的話語刺傷了，但他不可能低頭，也回擊道：「妳怎麼能這樣說我？妳不知道我是病人嗎？我整天暈到連走路都要費好大的力氣，我已經不能夠創作，妳到底還要我怎樣！妳怎麼不把自己的事情做好！」

聽到這樣的話，我失去理智地大吼：「我要和你離婚！」

這句話點燃了先生心中的怒火，「妳說什麼！再給我說一次試試看！」

「我說我要離婚！」我不顧任何後果地對著他大叫。

爭執變得一發不可收拾，兩人心中熊熊的怒火灼傷彼此。

我們在結婚時曾互相承諾，無論遇到多大的困難，都不應提及「離婚」兩個字。先生認為這是對婚姻不負責的表現，明明他在這方面很敏感，我不應觸碰他的雷點，然而我卻故意挑釁他，想要傷害他。

先生將看得到的東西都摔到地上，瘋狂地大聲吼叫，嚇到孩子一直哭。

我抱著兩個孩子全身顫抖地縮在角落，腦海裡唯一的想法就是：「我怎麼會嫁給這樣的人。」

要讀懂一個人的心真的太難了，走了幾十年，
你才能稍微貼近一個人的心。

結婚前，我是家裡捧在手掌心的寶貝，幾乎沒嘗過一點苦。弟弟還沒出生前，我不僅是家中的長孫女，還是唯一的孩子，當時爸爸的七個兄弟姊妹都沒有結婚生子，所以叔叔、姑姑們總是格外疼愛我，我以前就是被這樣呵護長大的。

然而在結婚生子後，我就像是落難的公主，不僅說的話不被先生尊重，還要挑起家中的經濟重擔，甚至照顧丈夫的情緒。我問菩薩，為什麼給我這樣的日子？我怨天、怨地、怨每個人。

我在黑暗中摸索，找不到出口，是佛菩薩給了我光明，引導我走出人生的低谷。

那個契機，就是三峽教室廣論研討班的成立。

時年女兒九歲，不再時時刻刻黏著我，我便起心動念，重新學習佛法。我告訴先生：「我想要去上廣論班。」

起初，我將兩個孩子帶到課堂一起聽課，方便照顧。但不久後，先生

主動提議：「妳這樣怎麼專心上課？學習這樣半調子是不行的！妳把孩子留在家裡，我來照顧。」

且因為我出過車禍，先生也不放心讓我自己開車，堅持每次都要接送我來回，無論颳風下雨，從不間斷。但我內心只覺得他不信任我的能力，有點多管閒事，只是我拗不過他的牛脾氣，於是就依著他了。

有著先生的支持，當班長邀請我參加總部關愛教育的課程，我欣然答應了。但總部距離我家不算近，單程需花費超過一個半小時，造成我上課常常遲到。

班長注意到了這一點，私下關心我，「玉章，我覺得妳非常認真又有慧根。但是工作一天下來，能夠聞法的就只有這個時間，如果遲到就會錯過重要的教學內容。我相信妳不是故意的，是不是有什麼事情困擾著妳呢？妳願意告訴我嗎？」

在那一刻，我覺得我的辛苦和情緒被班長同理了，情不自禁地將我內心的壓力和煩憂傾吐而出：「我先生身體不好，他四十二歲就病倒了，我需要在家照顧他，打點家事、照顧小孩。每當我出門都會放心不下他，需要做好準備才能安心離開。」

班長溫和地回應道：「玉章啊，我不是很明白你們家的狀態，但我覺得妳太過逞強了，總是想要把家裡全全面面都照顧好是很累人的，或許妳可以適度放手，讓妳先生學習。」

這番話讓我思索良久。無論是作為一位母親還是一位妻子，我都要求自己做到完美，我這種對自己的高要求，或許源自於我對母親和妻子這兩個角色的內在期望，我總是希望自己能像我媽媽一樣，肩負起家庭的所有責任，盡心盡力，讓家人幸福快樂。

然而，現在我感受到一個讓自己不用再緊縛在完美主義枷鎖下的機會，明白過日子不必按照既定的標準，我可以學著放手，讓生活變得更加輕鬆自在。從這刻起，似乎有什麼變得不同了。

廣論課上，老師教導我們，面臨困難，應該以更有效的方式尋求幫助，而不是抱怨。我便想到原來過去我都做錯了，我自以為有伸手求助，其實只是擅自地發洩自己的情緒。

我怨怪先生：「你說我孩子教不好、說你身體難受，只會傳遞負面的能量，那我也會受不了啊！」

其實我只是在推拒他人伸出的手，也將自己的心門牢牢緊閉，但兩個都身陷難關的人，到底要怎麼相互扶持走出來？

「妳不需要做一個強者，只需要傾聽、理解，並讓妳先生表達他的內心。他也是付出一份愛，也有自己需要學習的地方，不要用妳的期望和要求來束縛他。」

當沉重的情緒被接住，他才能看到自己還有別的選擇。

老師告訴我要慢慢去了解對方內在到底發生了什麼事情，要去理解他、接納他。回想我當初不就是被班長接住、了解，所以才能勇敢踏出改變的那一步嗎？既然別人都可以這麼做，我又怎麼不能對自己最親愛的人這麼做呢？

我印象很深刻的是，課堂中有一個體驗活動是幫塑膠袋打結，每說出一個衝突就打一個結，眼看著結一個、一個疊上去，如果沒有一方願意去鬆動，最後就是滿滿的結，也看不出是塑膠袋了。

這個活動讓我們了解，如果雙方都不願主動釋放，關係只會越來越緊繃。而誰要先開始鬆動、打開那些結？當然是有學習的人！

「有時候，我們需要主動去鬆動，才能解決問題。」

於是我下定決心和先生談談我們最激烈的那一次爭吵，那是我們最深、最難以解開的結。

在我們都梳洗完畢，夜深人靜時，我開口對他說：「你還記得有一次我請你幫我洗碗，但是後來我們卻吵到差點要離婚嗎？你可不可以告訴我，那個時候為什麼你要那麼生氣？我真的很想知道原因。」

先生聽到「離婚」兩個字的時候，身體又突然僵硬了起來，也許是聯想到當時的緊繃氣氛，臉上的表情也十分嚴肅，閉口不語。

「我覺得你不是會亂發脾氣的人，在當時我卻沒有聽你說，雖然遲了這麼久，但我想要了解你是怎麼想的。」我柔聲向他解釋。

他又沉默了一會，才緩緩開口說：「我那時雖然外表看不出來，但身體很不舒服，幾乎沒有辦法站著。妳說我還能開車，那是我覺得我唯一能為妳做的事……妳說我還能和別人聊天，我都是硬撐著的，不可能妳的同事和我打招呼，我卻完全不理他，但其實我真的非常不舒服，腦子裡一直在天旋地轉……我盡力表現出正常的模樣，只有在妳面前我不用裝，妳卻把我說得那麼無能……」他越說越小聲，最後停了下來。

我靜靜地聽著他述說，感受到他情緒中的複雜和壓抑。我輕聲地對他說：「對不起，我沒有意識到當時的你處於這麼困難的狀態。謝謝你願意和我說。」

他搖搖頭，說道：「我知道妳不是故意的，只是我自尊心作祟，沒有跟妳溝通，反而大發雷霆，搞得一發不可收拾。事實上，我一直都不太擅長表達自己的感受。我感覺好像一切都壓在心頭，沒有出口，所以才會爆發那樣的爭吵。」

我對他說：「我們都需要更主動地分享內心的感受，一起學習如何更好地溝通，彼此理解，避免再次陷入那樣的爭執。」

先生點點頭，看起來接受了我的建議。這次深夜的交心成為我們關係中一個轉折點，讓我們更加理解對方，也讓我們的感情更加深厚。

「我以前總是將處理事情放在第一位，但現在我明白了，先關注內心情感更為重要。」

我發現關愛教育強調的是理解心，而不僅僅是處理外在事物，讓我認識自己內在的情緒，改變自己的應對方式，學會更關心家人的需求和情感。這種轉變不僅讓我更了解自己，還改善了我與家人之間的關係。透過主動釋放、理解內心需求，我學會了在面對困難時，以更溫暖的語氣進行對話，這使得我與先生的互動變得和諧。

當我放下了過多的執著，不再做家裡的強者，我想，我的家、我的婚姻，應該是雨過天晴了吧！和先生也把話說開了，未來的日子，我們好好相處就是。

我自認為擺脫過去，不再執著，就是一件好事，也不再要求先生改變，覺得如今的和平就是一種美好。直到我聽到了同行師姐的故事。

想想我跟爸爸這輩子能夠相處的時間實在太短了，我何必跟他糾結在這個地方？爸爸勇於改變，我也願意給他機會。

師姐也是一位長年承受病苦的人，她說，她也是一個強者個性，能不勞煩別人的就會選擇自己撐過來，可是她也有脆弱的時候，當今天疾病占上風，她再也無法支撐，便選擇向先生求救。

「……我跟我先生講，希望他今天不要出去，可以陪在我身邊。」師姐苦笑，「可能是我表達得太含蓄了，先生沒有讀懂我的需求，依然去做他自己的事，那一刻，我覺得自己沒有被接受，心裡很難受。」

乍聽到這個故事，我心裡大為震撼，馬上就聯想到我先生，雖然後來先生時常向我傾吐負面情緒，但我依然記得我剛認識的他，是一個性格堅毅、從不讓父母操心的大男孩啊！

回到家後我立刻向先生求證，「聽到師姐的故事，我當即就想到你……因為你也是一個不想讓爸媽操心、很貼心的人。這樣的你，會在我一下班就對我傾到垃圾情緒，其實你是不是想對我說，你撐不住了？」

先生很意外我會提起這件事，沉吟了片刻，才慢慢對我說：「我其實很不願意對妳抱怨，很不願意對妳發洩這些情緒。玉章妳知道嗎？當你長年頭暈目眩一直不好的時候，想法會越來越黑暗，因為你看不到光明，看不到希望，然後那個負面想法很恐怖，會一直拉著你往下掉。我一直想說是不是乾脆離開這個人世，就可以不受苦了，可是我捨不得你們……」他說到這裡，哽咽著再也說不下去。

我流下淚來，哭著對他說：「對不起，我都不知道你心裡如此掙扎。還記得你婚前的許諾嗎？你希望給我幸福，給我快樂，可是你做不到，一定很痛苦吧？你一定很難過，這段日子居然會讓我這麼辛苦。可是我覺得你好勇敢！能夠跟病魔打仗，有一顆永不放棄的心。」

先生眼角也紅了，他撇過頭去，聽著我說：「你一直很想撐起這個家，可是你做不到，因為你的病讓你很痛苦，你很想好可是好不起來，你一定很焦慮、很傷心、很難過、很無助、很沮喪……但是沒關係，我可以陪你，你就哭出來吧！我覺得你是一個很勇敢的人，能夠堅持到今天實在太不容易了。」

也許是因為長期以來的痛苦被理解了，也許是因為心中的情感被撫慰了，他再也忍不住，放聲大哭。

看到他哭得像個孩子，我的內在馬上有個聲音告訴我：「過去抱抱他吧。」在愛裡面，有一種語言名為肢體，可是我們不習慣肢體語言，我們甚至很少牽手。

但在這時刻，我感覺先生需要我給他力量，我要讓他知道我是愛他的，所以我不顧一切上前緊緊擁抱他，靠在他的耳朵旁邊輕聲對他說：「我在，我們在一起，你可以釋放你的情緒。你愛我們的心支持著你走到今天，真的很謝謝你。我愛你。」

他也緊緊回抱著我。那一天，他在我的懷裡哭了許久，就像已經很久沒有下雨的天空，要一次把雨水傾倒出來。

不知道過了多久，窗外的天光已由明亮轉為暗淡，他才漸漸平靜下來。

整理好情緒後，先生終於和我坦承。「之前每一天，對我來說都是一場戰鬥，我只想要表現出我最好的一面，不讓你們擔心。」

「我不能從事我最愛的創作，非常痛苦，我什麼都不能做，像個廢人。我唯一能做的就是接送妳和孩子。妳之前還出過車禍，我害怕妳有什麼三長兩短。」

「當初結婚，我曾說要給妳幸福美滿的生活，但是我都沒有做到。如果我還不行動，我不知道我能做什麼。於是我求佛菩薩要讓我撐住，我每天都在求祂。」

我看過他為了不讓我和孩子擔心，努力掩蓋自己的痛苦，只是我習慣性忽略，只看到了自己的苦處，雙方都累積著壓力，終於無法釋放的壓力在某一刻爆發，讓我們的關係緊張到了極點。

他告訴我，為了愛，他每天都在努力對抗這種疾病，不僅身體每天都在承受著暈眩症帶來的折磨，還要承受外人看他一事無成的眼光，但他不

我們不只是讓關愛彼此成為一個良善的循環，
還有一種苦盡甘來、互相扶持的溫馨。

在乎，只想在力所能及的地方，給予我和孩子一些溫暖。

「我只希望用我的行動，來證明我對妳和孩子們的愛。」先生堅定地告訴我。

「我知道你需要有人在你身邊，所以我會陪你。」我回答他。

「我的爸媽並不支持我當藝術家，這一輩子唯一支持我的人就是妳。如果今天我真的有點成就的話，最感謝的就是妳。」他深情的表白讓我很是感動，望著他眼裡倒映著我的模樣，我像是終於找回當初決定與他共度一生時的感受：「我也要謝謝你，帶給我生命中最重要的禮物。」

每個人都是一本書，擁有豐富的生命故事。要走進他人的心，必須以謙卑的心去閱讀，去理解。那一天，我似乎有些讀懂他了。可是要讀懂一個人的心真的太難了，走了幾十年，你才能稍微貼近一個人的心。他是一本豐富的書，而你只觸及到一部分；這時才發現，原來有這麼美好的感情。當我願意敞開自己的心胸時，兩顆心才會靠在一起。

「當沉重的情緒被接住，他才能看到自己還有別的選擇。」我後來才明白。

和先生說開後，我不再綁手綁腳，害怕傷害先生的感情，現在的我學會放手，鼓勵先生勇敢站出來。

先生聽取我的建議，決定去山區學校當志工，教導偏鄉小孩畫畫。這不僅讓他重拾被需要的感覺，也重建過往馳騁藝術領域的自尊，並為那些需要幫助的孩子帶來了希望。他的勇氣和堅韌帶他進入了一段精彩的旅程，雖然每次回家都筋疲力盡，心中卻有滿滿的喜悅。

先生就像是一個努力掙脫泥淖束縛的人，他發現這不只能夠幫助別人，也讓他自己的生命變得更豐富、更有價值。踏出這一步並不容易，因為他的身體狀況還不是很理想，上課上到一半必須對抗突來的暈眩，時常令他站不穩，但他給出的愛和承擔並沒有因此減少，盡可能地強忍著不適，為學生上好上滿每一分鐘。

我陪伴著先生，鼓勵他、讚美他，讓他知道他不是孤單的，我們會一起面對這個挑戰。

回顧這些年，先生和我說，他非常感謝這一切，看似受到很多折磨，卻也因此體會到病者的痛苦，多了一份對他人的體貼。他也自我反思，如果當年不曾被病痛擊倒，名利雙收的話，有可能驕慢心一起，被名利所迷惑，就不會走上現在為孩子付出這一條路。

先生認為，看似有不好的事情發生，事實上可能是佛菩薩最好的安排，是他人生中最好的一個學習，一個很大的、很美好的禮物。

我們也開始一起烹飪，從前我那受到傳統思想影響的先生，是不可能會下廚房的。

當我忙碌起來，總有力不從心的時候，我希望即使我不在，他也能好好地進食，因此我坦白地對他說：「我擔心我沒時間做飯，你和孩子隨便亂吃，會沒有攝取到足夠的營養。你可以和我一起煮飯嗎？兩個人一起做，速度比較快，以後你也可以自己上手。」

先生說他願意試試看。

嘗試過幾次以後，我問他：「你覺得做菜有趣嗎？」

他笑笑地回答說：「還挺有趣的。」

「怎麼有趣？」

他想了一下便說：「做菜就好像畫畫在調色，每一種食材都是不同的顏料，我要試著把它們調和，呈現出最好的樣子。」

先生本就擅長畫圖、陶藝，色彩繽紛的蔬果食材就像是繪畫材料般，先生一下子就從烹飪中找到共通的樂趣。像是擀麵皮的時候，擁有雕塑基礎的他，對於麵團的厚薄程度根本是手到擒來，還能隨意變換形狀，完全不像他第一次下廚，他對廚藝沒有任何概念，不過是煮個簡單的陽春麵加蛋，他在煮好麵後，才想到應該加個蛋來增加營養，結果直接把生蛋打在已經煮熟的麵上。

那鍋麵端出來，黃黃白白、半生不熟，直到現在兩個孩子還會跟我吐槽爸爸煮的麵有夠可怕，但再怎麼可怕，孩子還是把麵都吃完了，因為那是先生對家人的愛。

士別三日，刮目相看，如今先生已經是我們家的大廚了呢！

最令我感動的是，先生也改變了對待孩子的方式，不再一味嚴厲地管教，而是學會與他們建立更好的溝通。

後來，他更放下自己的面子，主動向兒子道歉，希望修補彼此的關係。還記得那天我們一家人坐在客廳，大家各做各的事，因為先生平時動不動就斥責孩子，使得孩子們不敢輕易開口聊天，就怕多說多錯，平白無辜招來一頓罵。

突然，先生放下了手中的報紙，深吸一口氣，對著兒子開口說道：「兒子，爸爸要對之前的一些行為向你道歉。」

兒子驚訝地看著先生，有些不知所措。

先生繼續說：「以前爸爸活在自己的框架中，沒能用好的方式來對你表達情感，是爸爸的不對。爸爸真的很抱歉，也希望你能夠原諒我。」

兒子像是不好意思多說些什麼，隨口應了兩聲，就找藉口離去了。

我望著兒子有些驚慌的背影偷偷地笑了，看來兒子並不是無動於衷。後來，我找機會問兒子：「爸爸以前那樣罵你、打你，你能原諒爸爸嗎？」

兒子說：「想到以前，我還是有一點難過，但每個人都不是完美的，我知道爸爸也有不好的時候。現在他改變了，我可以理解，也沒什麼好不原諒的。」

我感動地說：「這實在很難得，你是怎麼做到的？」

兒子說：「想想我跟爸爸這輩子能夠相處的時間實在太短了，我何必跟他糾結在這個地方？爸爸勇於改變，我也願意給他機會。」

我實在很佩服兒子的懂事與寬容，同時我也十分敬佩先生的勇氣，因為他不僅能夠真誠面對自己的錯誤，還願意拉下臉道歉。那一刻，家裡的氣氛開始有了變化，彷彿一陣清風吹散了以往的緊張與陰霾，露出了和諧明朗的天空。

在我實踐轉變自心的過程中，先生也成為我最重要的陪伴者。

完成總部關愛教育的課程後，我收到了一個特別的邀請，希望我可以上台和同學分享我們夫妻倆歷經波折與磨合的人生經歷。

我很害怕自己會講不好，遲遲不敢答應。

先生鼓勵我：「妳可以的，妳的聲音很好聽，大家一定都會被妳吸引！而且妳分享的內容很有價值，要勇敢去做，這是一個可以幫助他人的機會。」曾經我是怎麼推動先生走出去，他就用同樣的方式來激勵我，我們不只是讓關愛彼此成為一個良善的循環，還有一種苦盡甘來、互相扶持的溫馨。

後來我會願意出來分享，最重要的就是我先生的支持，想到我們從契合到摩擦，再到衝突、冷漠以待，以至於最後的和解、相知相惜，我從來沒有想過，我的婚姻之路會是這個樣子的。我以為我們有共同的愛好與信仰，一定能夠走得無比順遂，卻不知人和人之間終究是不同的個體，再怎麼投緣，也需要更多的包容和愛，才能收穫幸福的生活。

關鍵不在差異，而是怎麼看待差異，
改變自己原有的想法，幸福才會出現。

如果我和先生都是如此，會不會有許多也深陷迷惘的人，也期待看到生命的曙光？就像當初廣論班班長對我伸出援手，有時僅僅是一個轉念，就能破除人生的迷障。

我用心做好上台的簡報，這時先生就成了我最忠實的聽眾，用專業的角度給我建議，幫助我克服上台演說的緊張，讓我更有信心站在舞台上分享我的故事。

傍晚橘黃色的陽光透過紗窗斜斜篩落在地上，我從庭院裡摘了一束花回來，想插進餐桌上的花瓶，看到先生站在廚房裡，正忙著煮晚餐，專注到完全沒有發現我進門。炒鍋中的食材發出劈啪的聲響，空氣中瀰漫著香氣，一桌熱騰騰的食物看了讓人肚子咕嚕嚕地叫。

「飯煮好嘍，來吃飯吧！」先生呼喚著家人上桌一起吃飯。我彷彿回到小時候，媽媽溫柔呼喚我吃點心的時刻。

「爸，你越來越會煮囉！這個好好吃！」從房裡走出來的女兒，用手指偷捏了一口桌上的菜送進嘴裡，讚不絕口。

先生一臉得意地說：「那是，妳爸我可是很專業的。」

「那還不都是媽教你的！」女兒連忙笑著拆穿他。

「下次我教妳做連妳爸爸都不知道的祕密新菜。」我偷偷對女兒說。

「爸，我把之前拍的黑白照片洗出來了，等一下吃飽飯，我們要不要一起來看？」兒子也走出來說，眼中閃爍著興奮的光芒。

「當然好啊！」先生笑著回覆。

「好了好了，先來吃吧！不然爸爸用心做的一桌菜都要涼了。」我看著他們三個人，微笑著說。這一桌美食，不僅是一頓晚餐，也是我們家歷經風雨後，令人安心的日常。

吃飽飯後，我和先生坐在客廳裡，再把他和兒子上個月一起去山上拍的照片拿出來看。先生突然有感而發對我說：「我覺得人生最快樂的時光

我們一起走過逆境，到現在互相理解、扶持，
讓我們更加堅強，也更珍惜彼此。

是和妳戀愛的時候，還有和妳一起走過風風雨雨後的現在。」

我愣了一下，眼眶突然熱了起來，嘴角卻不禁浮起一抹微笑，「因為我們的愛讓一切成為可能。」我們倆牽起了彼此的手，久久都沒有放開。

回顧過去的生活，我不禁感到驚訝和感慨。

我所經歷的轉變和成長連我自己都難以置信。這段過程不僅讓我學習了更多人生的智慧，還讓我重新思考我與家人之間的關係，特別是與先生的婚姻。我們夫妻倆來自不同的背景，影響了我們對教育和家庭價值觀的看法，但關鍵不在差異，而是怎麼看待差異，改變自己原有的想法，幸福才會出現。

婚姻不只是浪漫的愛情故事，而更是一段實實在在的生活歷練，歷經高山和低谷的顛簸，充滿了各種挑戰。雖然曾經有過衝突與困難，但也有過真誠面對和共同努力，我們一起走過逆境，到現在互相理解、扶持，讓我們更加堅強，也更珍惜彼此。

我的學習之旅還在繼續，無論未來如何，我將一直珍惜家人的愛，並將這份愛傳遞下去，讓更多人感受到愛的力量。不論遇到什麼困難，我將繼續前行，堅信每一個挫折都是成長的機會，每一次改變都是幸福的瞬間。

婚姻相談室

諮商心理師、國北教大心理與諮商學系　孫頌賢教授

很多人會覺得夫妻需要好好理性討論，透過做出一些協議，來達到婚姻中的共識。但無論是協商什麼樣的家庭分工模式，重點還是在夫妻關係中的信任，也就是情感連結，那種非理性的情緒流動沒有存在的話，再多理性討論都沒有用。

當夫妻關係沒有安全感的時候，若太太只是抱怨生活，也不是要責備先生，可是在家裡休養的先生，他就會聽成「妳在嫌棄我，都是我害的」，所以關鍵還是在一種非理性的情感連結與信任。

重點是夫妻關係中有沒有感受到彼此的心？這是非常、非常情感的東西，甚至是在生命中要常常去維持的。我們文化當中有許多節慶

儀式是為了創造感謝，我們可能不會直接說「我愛你」，但是可以藉此來表情達意，像我過年一定會包個大紅包給我太太，我覺得這很重要，雖然她都說不用。因為我太太在家接工作，我覺得要保留一個領年終的感覺給她，她就覺得很開心，而我覺得她的開心是我重視她的感覺，我有看到她的辛苦。過年、過節以及生日都一定要送禮，雖然我常常不知道她要什麼，可是你就是要去做，她才會覺得感情一直有在維持。

婚姻中的溫情要像植物一樣天天澆灌，理性溝通是無法解決親密關係的問題。應該說理性溝通可以解決問題，但要在兩人都很有信任感的臨界下，去討論事情就會很有感覺。當夫妻關係是很有信任感的，沒有規則也可以維持得很好。

故事中的夫妻，從交往到結婚，一定有很多他們為什麼願意在一起的原因，彼此感覺到對方的在乎，要把那個時刻給拉出來，讓他們知道說，相愛的關係其實一直都存在，只是惡性循環讓他們都看不到對方。像是在孩子管教問題上，我就會想問說：你們真的在吵管教的問題嗎？還是藉此在吵你們覺得彼此都不在乎對方？

在一些婚姻研究中發現，實際去問那些關係很惡劣的夫妻，知不知道對方在想什麼、怎麼看教養的問題、生活的想法，其實他們都知道！不是如我們想像中的彼此都不知道，或是沒有同理心、不為對方著想。可是他們有一個更強烈的感覺，就是「我的想法沒有被看到」的受傷感，更甚於我其實知道你的想法。

所以故事中的夫妻重點還是在於彼此受傷的感覺，變成夫妻也沒有在討論教養問題，而在爭執別的，就叫惡性循環。這通常很難自己調整，需要專業人士介入，或是像能上廣論課有老師去指導。要解決的是夫妻不在乎對方，還是解決管教的問題，也許要讓他們去試，去辨識夫妻間到底發生什麼事情，這才是第一步。

- 辨識彼此到底是在爭執事項，還是單方面訴說自己不被對方重視的感受，以免陷入各說各話卻不斷爭執的惡性循環。
- 理性溝通無法解決親密關係的問題，必須是雙方具有信任感的臨界下才有理性可言。
- 拉出彼此願意共同走向婚姻的溫情時刻，去感覺對方對自己的在乎，重溫相愛關係。
- 創造感謝伴侶的儀式感，來表達重視伴侶的感覺與付出。

無論晴雨，人生有你

王祈晴

文／蘇曇

「犯錯時有一條思路：走過了最黑的地方，光明就在前面。由於看到了心靈黑暗之處，就可以去對治它，對治後這個弱點就不存在了。基於這個原因，我們可以坦然面對自己的錯誤。」

《希望・新生》四季法語 124

我對世界的好奇心，並沒有被那幾年不愉快的記憶壓抑或傷害，
因為總是有媽媽穩穩地接住我。

「阿爸，我好想你……嗚……想欺負我的人，都去吃屎啦！想看我認輸，沒那麼容易！」胡亂抹去眼淚後，我踩下油門，在深夜幾無人車的高速公路上繼續狂飆。車窗緊閉的狹小空間中，迴盪著我聲嘶力竭的哭喊、白日裡不願被他人窺見的脆弱，以及無論如何都無法稍減的痛苦。

那是我人生的轉捩點，也是我人生中最為艱難的一段日子。

在我二十四歲那年，父親驟然離世，家裡的重擔落在了身為長子的我身上。每天睜開眼睛，沉甸甸的擔子便壓在肩上，這樣的日子持續了許多年。

從小，我就是被全家人捧在手掌心裡疼著長大的。現代人生得少，對孩子大多極為疼愛，應該能想像那種毫無節制的溺愛。我父母親都出身於地方上的望族，而我在王家家族中又是同輩間第一個出生的孩子，親友疼我疼得不得了。從小無論做什麼，總有數不盡的誇讚，說我可愛、嘴甜、

懂事、聰明、帥氣……我也一直真心相信自己是最棒的。

小時候，我時常穿著質料上佳的新衣，穿梭在家中出入的三教九流之間。他們之中有官員、有富商，也有道上的兄弟……，每天都有許多人來我們家裡吃飯、打牌、唱歌、閒聊……

「祈晴啊，來給叔叔看看，是不是又長高長帥了啊？」「叔叔也是越來越年輕了啊！」眾人聽了樂不可支，紛紛誇我伶俐可愛，爭著摸我的頭。

我得意地跑到下一桌，在阿姨伸手捏我的臉之前，便先對她說：「阿姨今天怎麼穿得這麼漂亮！」阿姨笑開了花，從包包裡拿出一袋糖果給我。轉到下一桌的祖父身邊，我小聲地附在他耳邊：「打三筒。」在被其他大人發現之前，我已經溜到廚房看保姆今天又煮了什麼好料。

家中往來人際關係複雜，讓我從小就很會交際應酬。加上爸媽自由放任的管教方式，從不逼我要考第幾名，我也樂得拋開書本，到處溜達。上舞廳跳舞、去溜冰場，呼朋引伴去打球……大概國小我就很會打牌，也早早就開始交女朋友，一個換過一個，每天都有新鮮好玩的事情，每天都開心得不得了。

那時候，我真的認為自己是天公子，生來就是要來繼承家業享福的。我信奉的座右銘是：人生過得快樂最重要，凡事不必太認真。

二十四歲之前，我的人生大致順風順水，但家中的經濟狀況其實也曾有過起伏。阿爸是個極富嘗試精神的創業家，在回家繼承祖父的化妝品工廠前，曾有過一些投資、創業的嘗試。可惜時運不濟，遇上投資失利，又被倒會，在我幼稚園到國小階段，有幾年我們四處搬家躲債。

為了賺更多錢，阿爸有很長一段時間配合台塑的計畫到山上造林，每次一出門工作，連續好多天不見人影是常有的事，只有媽媽一直陪在我們兄弟三人身邊。

有時候，去學畫畫的路上，遇到常來家裡吃飯，還會給我糖果的阿姨。我一如往常熱情地跑過去叫了聲「阿姨」，她卻神情不太自然地後退幾步，跟我說：「祈晴啊，阿姨有急事，阿姨先走哦。」後來我才知道，她是怕媽媽開口跟她借錢。

家中債台高築，早已不如往昔熱鬧，偶有仍舊來往的親戚，大多不是來雪中送炭，而是來落井下石的。

「真搞不懂你們，好好的工廠放在那邊不接，偏偏要搞東搞西，搞出一大堆問題來。人哪，就是不能貪心哦！」某個遠房親戚刻意提高了聲調這麼說，好像想讓鄰居都看清我們家是什麼樣的人似的。

媽媽咬了咬嘴唇，擠出一個笑容，不失禮貌地說：「家裡沒什麼好招待的，要進來坐坐嗎？」

當我反應過來，太太已經存在於我生活中的每一個部分了。

「不用了不用了，我怕進去反而沾上霉運！」看著那個從前也很喜歡摸我頭的遠房親戚離開的背影，我心裡有一種很不舒服的感覺。

有時候是債主找上門來：「欠債還錢，天經地義，我們家也要用錢啊！妳今天不還，我就在這邊不走了，看妳還不還！」

媽媽則急急鞠躬道歉，低聲下氣地說：「我們一定還，真的會還，你看我先生現在真的很認真在賺錢，有了錢一定第一個還給你，再寬限我們一段時間，拜託。」

對方依然坐在客廳，大有今天沒拿到錢就要坐到地老天荒的意思，媽媽只得從下半個月的菜錢裡扣出幾百塊還給對方，以示誠意。又點頭哈腰陪笑了許久，好不容易才把人送走。

等那個大嗓門的債主終於離開，家裡又安靜了下來時，我從房門後偷偷探出頭來看著媽媽。媽媽還是很溫柔地拉起我的手，對我說：「演講比賽不是快要到了，該練習了吧？」

我擔心地看看媽媽，媽媽便笑著說：「好，我在旁邊看你練習，這樣好不好？」

還能看到媽媽的笑容，我安心了許多，於是我拉著媽媽回房間，興沖沖地和她說：「媽媽妳來看，我昨天在畫畫班畫的公園，老師說我畫得很好！妳看妳看，妳猜天上那一大個黑黑圓圓的東西是什麼？」同時望著媽媽的側臉，在我腦海中浮現的，卻是前一天幼稚園放學時，媽媽疲憊的模樣。昏暗的天色下，做工勞累一天的媽媽趕來接我，卻因為付不出這期的學費，頻頻向老師賠禮。

那段時間，因為常常無法如期繳付學費，不想被老師催討的景象落到其他家長眼裡，媽媽總是最後一個來接我。當太陽的餘暉還帶點熱度，班上的同學一個一個跟著爸媽離開了，我雖然手上玩著玩具，卻早已心不在焉，時不時望向光線越來越暗的門口，期待媽媽會趕快出現在那裡。

也許是天色太黑的緣故，來接我的媽媽的身影顯得好渺小、好無力，而我總是有一點想哭，雖然我也不知道為什麼。

還有一次是我上了國小以後，那個債主有點道上的背景，因為我們一直搬家，他索性帶了幾個道上的兄弟，到學校門口來堵我，想說堵到我就一定能等到我媽來。

我還記得那天，老師一面從窗口向校門方向張望，一面轉過頭來叮嚀我：「老師還沒有說『好』之前，千萬不可以自己走出教室，知道嗎？」

我點了點頭，等待媽媽從後門突圍成功來接我走。那是無比漫長的一刻，不知過了多久，一陣急促的腳步聲接近教室。我的心提到了嗓子眼，幾乎要尖叫出聲，但幸好進來的是媽媽！媽媽掩護我從後門離開，老師也幫忙留意四周，小心翼翼地把我們送出學校。那天直到回了家，我都有一種驚魂未定的感覺。

晚上，我和媽媽說：「今天在教室裡等妳的時候，感覺好像隨時會有大野狼進來吃掉我！」弟弟們也爭著說：「我們在家裡等你們回來，等了好久，我好害怕。」

媽媽輕輕拍了拍我們，然後從廚房裡像變魔術一樣拿出了一顆蘋果：「你們都很勇敢，這個蘋果給你們吃。」

「哇，是蘋果！」我和弟弟們輪流咬了幾口，在我小時候，蘋果還是很貴的水果。我們吃得滿口香甜，心滿意足，吃到剩下一個小小的果芯，媽媽才接過去啃了啃。我知道，那是拚命做工、省吃儉用的媽媽，省出來給我們的愛。

那短短的幾年裡，無論遇到兇神惡煞的債主，還是趾高氣昂的親戚，媽媽永遠把我們護在身後。她忙著做工、打點家裡的一切，但也從來沒有忽略我們這些孩子，依然會認真聽我們說話，適時給予情感豐富且外向多話的我回應。我對世界的好奇心、各種探索和傾訴及分享的慾望，並沒有被那幾年不愉快的記憶壓抑或傷害，那是因為，總是有媽媽穩穩地接住我。

我們是彼此最堅實的靠山，一起走過很多艱難的時刻。

我也在那幾年間，看透了人情冷暖。阿爸生意成功、家中富足的時候，有多少朋友來吃過飯，酒酣耳熱時每個人都親切得彷彿換帖的兄弟；一旦家道中落，突然所有人都對我們避之唯恐不及，走到哪裡好像都抬不起頭來。那讓我深刻地感受到：一直陪伴我、保護我的媽媽，就是我的全世界。我也在心中暗自下定決心：等我長大了，一定要讓媽媽享福，要讓媽媽當這世界上最幸福的人。

好在那幾年很快就過去了，後來祖父不忍我們一家在外流浪，也不忍阿爸在山上奔波出賣勞力，就把阿爸叫了回來，正式把化妝品工廠交給他經營，我們一家又回到從前那種交遊廣闊、出手闊綽的日子。

直到二十四歲那年，我都沒有想過，這樣的日子會有結束的一天。

我忘不了，阿爸生前最後一趟出差，是去印尼，那年他才四十六歲。回國之際，他突然腰痛到無法站直，是坐著輪椅回來的。當時阿爸沒有多想，只以為是打高爾夫球的舊傷復發，但後來痛得越發厲害，於是安排了手術。

送阿爸進手術房時，我們都沒有想太多，意外的是，手術房的燈號很快就熄滅了，醫生出來告訴我們：那不是運動傷害，而是癌細胞轉移，已經侵蝕到了脊髓。隨後檢查出是肺癌，雖然已盡力搶救，但實在發現得太晚，不到三個月阿爸便撒手人寰。

那三個月阿爸不是在接受治療，就是在昏睡，僅存少數清醒的時間，構成了我們父子倆此生最親密的相處。

阿爸離開的那一天，迴光返照交代了我三件事：一是祖父傳下來的化妝品事業，一定要堅持做下去。二是中國的市場很大，一定要繼續嘗試，不要輕易放棄。三是以「誠」待人。

我曾經視為永遠的靠山的父親，就這樣離開了我。

當我和媽媽接手公司經營，才明白阿爸為何會這樣叮嚀我，我和媽媽徹頭徹尾了解公司狀況後，才知道公司實際上已是負債累累，負債高達四千多萬。

阿爸繼承祖父的化妝品事業，也繼承了一個觀念，就是「配方要自己掌握，錢也要自己掌握」，機密只有主事者能知曉，就算是妻女也不能外傳。但阿爸正值壯年，尚未開始經驗傳承；而他人生的最後三個月，光是和病魔對抗並活下來，便已耗盡了所有力氣，不是在化療中就是昏昏沉沉的他，根本無力把公司帳務、產品配方、投資項目等等機密事項交代清楚。

阿爸一走，比山還高的亂麻迅速砸到了我的頭上。負債很多，詳情是什麼？不知道。應該有人脈可用，但他們在哪裡？不知道。阿爸這些年來投資了那麼多項目，狀況怎麼樣？不知道。在國外還有其他資產嗎？依然是不知道。

在親友間只留下愛玩名聲的我，根本沒有受過化妝品相關的教育或訓練，隨著阿爸逝世的消息逐漸傳開，不僅債主們紛紛上門來討債，親友的流言蜚語也是一波接一波湧了過來：「就說人不能貪心吧，沒那個屁股還要吃那個瀉藥，公司接過來的時候還好好的，如果不是胡亂蝦搞，怎麼會弄成現在這樣？」他們也批評媽媽：「老公只知道衝，妳就只會跟著衝哦？做人要有頭腦，要懂得踩剎車啊！錢不懂得管，小孩也不會教，養得他們像流氓一樣……」對於我可能要接手公司，更沒人看好了，大家都在等著看我的笑話。

人生中的每一個苦果，都是某時所造之業造成的，
想要改命，就要從現在做出改變。

聽著親友對爸媽的數落，我心裡極不是滋味。他們沒做什麼壞事，也很努力在經營公司，說不定之後投資有起色，公司的狀況也會好轉。只因為阿爸先走了，就得被他們這樣說閒話嗎？我也不認為自己什麼都不會、什麼都做不了。

當時祖父仍然健在，他問我：「現在公司有負債，你要不要接？你可以想想看。」我不想讓祖父傳下來的事業斷在這裡，也不希望爸爸的付出付諸流水，考慮了兩天後，我說：「我接。」

那時候陪在我身邊的，除了媽媽，還有已經訂婚且懷有身孕的未婚妻，也就是我後來的太太。

說到太太，其實我們的緣分開始得很早，高中時代和別的學校聯誼時，我就認識了她。但聯誼過後，我們並沒有再聯絡，直到高中畢業後，我去當兵，有次休假去美髮店理髮，又遇見了在店裡當助手的她。

她與美髮廳裡的幾個女孩子一樣，我說幾個笑話就逗得她們樂不可支，後來我一到店裡，她們就會圍繞在我身旁。向來很懂得討女孩子歡心的我，隨口說出幾句甜言蜜語，個性單純的太太就會既開心又帶點羞怯地回應我，雖然看起來有點木訥，但直盯著我的眼睛所傳遞出的心意，卻是掩蓋不住的。

可惜那時我想追的是他們店裡的設計師，不是她。原因無他，對我這樣換過許多女朋友、追女孩子花招超多，興致一來會借敞篷車去買九十九朵玫瑰來告白的人來說，完全不撒嬌、不浪漫，死心眼又耿直務實，說話超級實在的她，完全不是我欣賞得來的類型。

但後來我被兵變，我們竟陰錯陽差地開始交往了起來。

我太太家住在比較鄉下的地方，家中務農，養成她老實保守的性子。我們交往的時候，通常是我興沖沖地說：「現在太陽要下山了，等一下去海邊一定特別美，去海邊！」她點點頭：「好啊。」我們便驅車前往海邊，看到夕陽緩緩沉入海中，眼前一片橘紅，我感動到不行，對著海的那頭大聲吼叫：「好美啊！」轉過頭看她，她仍是安安靜靜的。

我問她：「妳不覺得很美嗎？」

她會說：「還可以。哦，風倒是滿大的。」

夜色已降臨，我說：「晚餐我想去吃炒飯，配個啤酒。」

「嗯。」她依然點頭，全然配合我的決定，很少有想吃什麼、想買什麼之類的要求。我去瘋，她就安靜地陪著我；我想做什麼，她就跟著我去做。

偶爾我會問她：「想要什麼禮物？」我心想，只要她不要說得太誇張，買點少見的東西讓她開心一下也不是不行，但物慾很低的她通常會回答：「隨便。不用啦。」對她來說，重要的是心意，因此一些貼心的舉動，甚至不用花錢，只是在大太陽底下把有樹蔭的陰涼處讓給她，過馬路的時候走在外面護著她之類，就能讓她很感動。

我還記得剛開始追求她時，我載她經過花店，想起之前送過花給不少女孩子，她們都很開心，便問她：「有沒有人送過妳花？」她說：「沒有。」

我一聽，二話不說來了個大迴轉，直接開到花店門口，瀟灑地下車走進去，從冰箱裡拿出一束五百元的花遞給她，從此她就對我死心塌地。

直到現在，太太都還會對我說：「我就是被你那個五百元的花束給騙了！」

我不會跟她說「從今天開始，我會越來越愛妳」這種話，
而是要將這種想法付諸行動。

交往了一段時間，我發現太太長期在美髮店幫人洗頭、接觸藥劑，手部皮膚出現龜裂、脫皮、紅腫等問題。我問她：「妳要不要乾脆來我們家的公司上班？」

就這樣，太太比當兵的我還早進了公司，沒上班的時候，還會來我家打掃、做家事。

我必須承認，最初是抱著騎驢找馬的心態和她戀愛，因為習慣了身邊有人陪伴、有人照顧，覺得試試看也沒什麼不好。當我反應過來，太太已經存在於我生活中的每一個部分了。

當兵休假回到家，會看到她在家裡極自然地幫忙洗碗、收衣服，關心長輩們。「爺爺，這幾塊香瓜比較軟，您吃這幾塊。」「奶奶，那個櫃子

上的東西我來拿，您小心閃到腰。」家中也被她打理得乾淨又整潔；去阿爸的公司，也會看到她在自己的位子上埋頭努力，有不懂的地方就纏著老鳥，打破砂鍋也要問到底。

阿爸還沒過世時，有一次，正值叛逆期的弟弟惹了事，阿爸擔心出什麼意外，找了一些道上兄弟來家裡守著，深怕對方的人馬來報仇，家裡氣氛十分緊張。我那時還沒有認定她，看到這樣的狀況，很不想把她牽連進來，就向她提出分手，叫她快點回家去。

不料她毫無懼色，還跟我說：「我要留下來陪你們一起面對。」

我真的深受感動。

我退伍後，不希望太太因為常在我們家出入而被鄰居說閒話，決定先和她訂婚。

訂婚後大概一年，阿爸就檢查出得了癌症，那時候太太已有身孕。

三個月後阿爸過世，按照習俗，如果百日內不結婚，就要再等一年。我感覺這一切就像天注定的一樣。換女友像換衣服一樣快的我，和她始終那麼有緣。我被兵變的時候，她恰好在我身邊；我去當兵、家中正需要人手幫忙時，她盡心盡力；在阿爸過世前，她又剛好懷了身孕。

她平時對我百依百順，對長輩也是照顧周到，很受長輩們的喜愛。我心想：王家的媳婦不就該是這個樣子嗎？於是我決心改掉自己情場浪子的習氣，從此和這個女人踏踏實實地過一輩子。

結婚前，太太方的親戚曾去打聽我的為人，我們兩家住得不算遠，隨便一探聽，就能知道我過去花花公子的名聲。

太太的親戚問她：「妳真的想好要嫁給他了嗎？」

我太太是那種認定一件事情就很死心眼，不會輕易動搖的人，我們就這樣踏上了紅毯，開始婚姻生活。

婚後，我接手阿爸的公司，媽媽負責處理帳務、幫忙調錢；我負責產品開發和跑客戶；太太則自學電腦，撐起線上的運作。三個人都是一張白紙，從頭學起，要撐住一個企業，有很多很辛苦的地方，卻也是我和太太最甜蜜的一段日子。

白天，我去跑客戶，媽媽也陪著我四處奔波，太太則在公司裡顧孩子，同時處理工作；晚上，我還要回辦公室做實驗或趕出貨，太太把兒子的搖籃放在旁邊，一邊哄孩子，一邊幫著理貨或是包裝。

「嘰咕嘰咕～」太太握住兒子的小手。「還不睡呀，那媽媽就搖到你睡著。」她晃動搖籃，和兒子小聲說話，我手上忙著，不時看著兒子從小手小腳亂踢亂蹬到蜷成一團，終於安分地睡著了。

她陪著我撐過了生命中高高低低的坦途或險坡，一起流過淚，
一同為平凡卻令人歡喜的諸多事物歡笑過。

忙著裝箱、對出貨單，往往一忙就忙到天亮。當我突然意識到太太好久都沒動靜時，轉過頭才發現，她不知何時在搖籃旁邊的躺椅上睡著了。悄悄湊過去看，兒子還好小，五官都還沒長開，但已經看得出有些地方像我、有些地方像她。我心裡一片柔軟，輕輕在他們兩個的額頭上各親了一下。

有時候我忙著包裝，看太太一臉專注地使用電腦，我輕聲地走過去，從身後抱她一下，她嚇了一跳，「你哦，加班不好好加，在這邊動手動腳的啊。」一臉上是微微羞澀又帶著薄怒的微妙表情。我們相視一笑，握一下對方的手，接著又各自投入工作中。

偶爾提早下班，也都是深夜了。我載著她去夜市找東西吃，在許多攤販已收攤的寂靜夜裡，牽著她的手四處覓食。

「那邊那邊，有一攤牛排還開著，我們今天怎麼那麼好運！」一熱氣騰騰的牛排上桌，鐵板滋滋作響，醬香與肉香四溢，對忙到身心俱疲的我們

來說，猶如山珍海味一樣美味。那段時間，光是能忙裡偷閒到夜市吃個飯，對我們都是難得的幸福。

有一次我們兩個又待在公司裡加班，我在實驗室裡煮料，她在忙她手上的事。說是實驗室，但設備非常陽春，用的竟是卡式瓦斯爐。我一人兼顧多道程序，分身乏術，不知何時，鍋裡會揮發的易著火油劑燒了起來，瞬間蔓延，實驗室一角已被火光籠罩。

我驚叫一聲：「著火了！」心裡嚇得半死，萬一真的燒起來，工廠豈不是要完蛋了！

太太聽到我的喊叫聲，馬上丟下手上的工作，「滅火器滅火器！」她高聲喊著。我們手忙腳亂地拿了滅火器滅火，太太又趕緊浸濕好幾塊布來蓋住剩下的火苗，等到確定火完全被撲滅時，我們都嚇出了一身汗。

我望著急得滿臉通紅的她，她也看看灰頭土臉的我，萬幸一切平安無事，我們倆才苦中作樂地笑了出來。

我們的蜜月旅行，其實也是工作的一部分。

從事美妝行業的人，都會想辦法去參加義大利的美妝展，這個全世界最大的行業展會，於是我想，不然我們也存錢去看，就當作是蜜月旅行好了。

到了義大利，看展以外的時間，全團都在拚命買買買，我和太太跟著大家，看他們買珠寶、買精品包包、買勞力士手錶，但太太從未開口說她想要什麼。最後我和她唯一在那裡買的一樣東西，是嬰兒車。那個牌子的嬰兒車很好看，台灣的售價非常昂貴，當地買起來卻便宜很多，我們一致決定，把它扛回台灣就對了！

那時候，我們兩個一心撲在公司和家裡。太太性格堅毅而不甜軟，即使婚後突然要扛這麼大一筆債務，也沒有喊過累。被客戶責怪了，心裡不好受，我們兩個互相安慰；實驗不順利，配方老是做不出來，我們互相鼓勵。

我們是彼此最堅實的靠山，一起走過很多艱難的時刻。

但是，沉重的現實一直壓在我們肩上，隨著熱戀期過去，我和太太差異極大的家庭背景與價值觀，逐漸在方方面面顯現出來。

比如說，對我們家這種花錢大手大腳的人來說，世界上有很多事情比錢更重要，花錢買別人一個驚喜的笑容，或是一句感謝，值得。但這對太太來說，就是很難以理解的事。

像我送禮喜歡送有氛圍感，或是比較澎湃、貴重的禮物，有一次精挑細選送了一條包裝精美的絲巾給太太，想像著配上她最喜歡的那條裙子一定會很好看。但禮盒一拿出來，她的臉色就變了，我滿心的歡喜與期待也

她既在我身邊做支持我的力量，也在我身後顧好我所愛的人，
讓我可以在前方毫無顧慮地衝鋒。

立刻被澆熄。

太太一邊拆禮物，嘴上一邊說著：「買這麼貴的東西幹什麼？八成我也用不到。」一看是條絲巾，她隨手又塞回去，直接收了起來：「這種東西我幾百年也用不到一次，你還不如買比較實在的，我天天用得到的給我。」

如同送禮一般，日常生活中，我想對她好，她也接收不到。

有一回加班後，我們去吃熱炒。「老闆，鳳梨蝦球、宮保雞丁、五更腸旺、清炒水蓮、豆酥鱸魚……」我的話才說到一半，太太就急急地說：「不要點太多，點太多我們會吃不完，吃不完帶回去再熱就不好吃了，冰箱也放不下！」

老闆無所適從地看著我們，我不理她，繼續說完：「再一個三杯豆腐，然後兩碗白飯。」

我點的有一半是太太愛吃的菜，本來心想要好好慰勞她最近的辛苦，

但老闆才剛轉身，太太就沒好氣地對我說：「兩個人點那麼多幹嘛？有錢的時候拚命花，沒錢的苦你又不是沒吃過。」

我的臉隨著她的話語漸漸垮了下來，而她還在碎唸：「那麼晚了，吃太飽回去就睡不著，睡不著明天起來上班又很累……」

我終於也生氣了：「不吃妳就放著不要吃！」

公司的事也是，時不時地又見太太與員工起爭執。

在公司治理上，我頭腦轉得快，都看大方向，不喜歡問得很細，但個性細心的太太，總會留意許多小事情，特別是員工的一舉一動，只要他們有一點不符合公司的常規，無論多瑣碎的事，太太都會想糾正，也總在我耳邊抱怨：「那個小陳也太散漫了，做事一點都不仔細，要他交個整理檔案還要三催四請的，成何體統！」

我正忙碌著規畫下一季的營運方針，不耐煩地回道：「他現在有更重要的事要忙，妳說的那個還不急，別總是小題大作的好不好！」

然而同樣的事總是一再上演，我三五天就要出面協調太太和員工之間的紛爭，長期下來心越來越累，恨不得叫她安靜點，別再給我添亂了。

這種行事態度上的衝突都還算小事，最讓我覺得不舒服的，是太太對我家人的不理解或抱怨。

我媽媽是個很善良的人。因為我們也苦過，她知道那種苦，所以她很樂意幫助別人，就算我們經濟上還不寬裕，但比如社區裡的獨居老人要送餐、單親家庭的孩子要補習等等，她絕對會想辦法出一分錢、出一分力。可是太太對此非常不認同。

「我們現在欠那麼多債，媽竟然還幫社區活動墊錢，你不覺得這樣很奇怪嗎？」太太向我抱怨。

我對太太說：「幫助別人是好事，我們辛苦，也沒有苦得吃不起飯，比我們需要幫助的人多得是。」

太太繼續說：「做好事沒錯，但也要先顧好自己，我們力所不及，也只好讓有能力的人去做，反正怎樣都輪不到我們這種欠債的，媽何必做那麼多？」

我心裡很受不了太太這種小鼻子小眼睛的想法，更不想再聽她抱怨，只能叫她閉嘴。

我接手公司的隔年，因為兩個弟弟惹出一些事情，媽媽決定帶他們去中國投資設廠，是為了給他們換個環境，也是幫公司未來擴大布局試水溫。

太太正式接管公司帳務，直面公司龐大的財務壓力，從那時候起，我

如今換位一想，我深深地感受到了太太的委屈與偉大。

們的衝突就越來越多。

「公司還沒站穩腳步，就又要撥那麼多錢去中國那邊，我不同意。」

太太一臉嚴肅地來辦公室找我談。

「中國市場前景大好，用錢賺錢就是要把握時機，等妳存夠了錢再來投資，誰等妳啊？早就不知道落後人家幾百步了。妳不懂、不敢做，就不要管這些。」我認為，把握商業時機、資金流動、用錢滾錢的這些操作，根本就不是領死薪水、想要存很多錢再安安穩穩地進行謀畫的人可以了解的，因此我也氣她明明眼光短淺，卻一直想阻礙公司長遠的發展。

這時我自己在工作上也是水深火熱。公司裡沒有人可以教我、帶我，什麼都靠我自己摸索。跑業務的時候，抓不到談判的眉角，原料價格談不下來，上游說缺貨就缺貨，要漲價就漲價；我也沒有什麼經營手腕，只能靠壓價格去和別家搶生意。然而再怎麼用心投入，進步是那麼緩慢，公司的債卻不是一時能還得完的，那就像一座大山一樣，時時刻刻壓得我喘不過氣。

後來我放帳給客戶，又被客戶倒了四、五百萬，公司也因為周轉不過來而跳票了。有一陣子，我每天都趕著銀行三點半關門前匯錢，到處向人低頭、拜託別人多少借一點錢給我們。每天該付清的款項過一天算一天，甚至小孩的學費或明天的吃飯錢都還不知道在哪裡。

每天起床，就看見身旁的太太面色慘白，她呆坐了一會兒，眼淚就一滴一滴流了下來。擦乾眼淚，我們開始討論：今天可以去哪裡借錢？這個月的貨款都收回來以後，可以還上多少？四處奔波到了三點半，知道今天的錢還上了，又平安度過一天，我和太太會相視苦笑一番，但過了晚餐，想到明天的錢要從哪裡來？還有哪裡的錢可以挪來填上？我們又笑不出來了。

那段時間，我焦慮到必須靠吃安眠藥才能入睡，有時深夜我會一個人開著車去高速公路上狂飆，大哭大叫。我們夫妻同甘共苦，但是苦得太久，身為男人，自覺應該扛起這一切的我壓力太大，天天活在焦躁、不安的情緒之中，我看什麼都越來越不順眼。我總覺得廠商只想占我的便宜，而客戶只想砍我的價格，處處是豺狼虎豹，我如果不兇狠一點，不硬起來，恐怕都要被他們拆吃入腹，啃得一點骨頭都不剩；對員工也是，我如果不兇一點，把老闆的派頭撐起來，誰會服我這個三代少爺？他們會不會私下都看不起我？我只能用囂張的氣焰來掩飾自己的自卑，凡是有員工做錯事，狠狠地削他一頓就對了。

為了顯示自己的公正，就算是太太犯了錯，我也會毫不留情地在全公司面前公開處刑：「妳是老闆娘欸，要做模範的耶，這個帳根本不該錯妳知道嗎？那個剛來兩個月的小吳都不會犯這種低級錯誤！」我當著大家的面，把帳本用力摔在太太桌上，她緊繃著臉，全程不發一語。

那時的我絲毫沒有意識到，沉重的經濟負擔、對生活的投入遲遲看不到回報，一點一點消磨了我對許多事情的耐心或愛。

幾年後，公司開發出全球第一支水亮不沾杯唇彩，不僅在台灣熱銷，還遠銷中東。公司慢慢地從谷底翻身，但資金仍然非常吃緊，弟弟們在中國的經營狀況也不好，需要我不斷地挹注資金。

我還來不及喘口氣，下班回到家，就聽太太在耳邊碎唸：「怎麼又匯錢到中國那邊了？公司這個月要還的錢也迫在眉睫，最近也才剛付出去一大筆貨款，你是知道的啊？」話鋒一轉抱怨：「媽叫我要請個傭人接手家務事情，挪出時間陪你出差應酬。可是我們現在還是欠錢的，不是什麼有錢人欸？講到這個，你知道弟弟在中國結婚了，媽媽也幫他們請了傭人了吧？他們在那邊享福，我們兩個在這邊每天加班加到天昏地暗，錢要我們出、債要我們還，這算什麼！」

「我是長子，阿爸不在了，這個家就是我的責任，怎麼？嫌我媽我弟不該用我們的錢，妳其實是想嫌我欠錢太多，連累了妳吧！」

「我陪著你吃那麼多苦，講幾句實話還不行了？」

「我不想聽妳講了，妳給我閉嘴！」

類似的爭吵，不知從何時起，在我和太太之間越來越多。

從小到大，祖父、父親都是大男人，我在這樣的環境中成長，學到的是男人在外賺錢養家，女人就應該百依百順、任勞任怨顧好家裡。當太太越來越頻繁地臭臉怨懟，我既心煩又感到有些受傷。我不明白，我已經很努力完成身為丈夫的責任了，我們的關係究竟是哪裡出了問題？

阿爸走得突然，媽媽要管兩個弟弟也很辛苦，我雖然難過，卻沒有時間軟弱。因為我知道，我要把阿爸的那份責任扛起來，代替阿爸守護這個家、照顧媽媽，也要做好哥哥的角色，讓兩個弟弟有所依靠。今天太太不能支持我，反過來添增了我的煩惱，無形中加重了我肩上的擔子。

漸漸的，我回家聽到的是太太對我至親家人的數落，看到的是太太板著的面孔，我一開口就發展為無止境的爭吵。家不再是我可以停泊的避風港，而是下班後另一個讓人心累的戰場。我寧可找一群朋友喝到天亮、喝到掛，大家暢飲亂聊，放鬆身心，甚至是一攤接一攤地應酬，也不想回家。

媽媽是生養我的人，也是我最在乎的人。受傳統大男人思想影響的我認為，如果太太不能和我一起孝順媽媽，那我就換一個太太算了；我也氣無論我怎麼說，太太還是不能同感我照顧家人的心情。我心想：好啊，那我就證明我不是非妳不可。就這樣，我開始有了婚外情。

每一段婚外情的對象都和我媽處得很好，媽媽雖然也勸過我這樣是不對的，但多年來一直獨自苦撐著公司、盡力守護原生大家和自己小家的我，真的覺得很累了，沒有力氣再去面對，更別談解決問題。

我越來越少回家，每次回家就是和太太大吵一架。有一次，我喝得爛醉，天亮才帶著渾身酒臭，搖搖晃晃地回家。媽媽看我這麼不愛惜自己的身體，心疼不已，忍不住和太太叨唸：「妳也管管妳老公，讓他這樣喝不會太誇張嗎？這樣喝多傷身，妳要多關心他啊。」

太太卻冷硬地對媽媽說：「妳自己的兒子，妳都管不動了，妳唸我幹嘛？妳有本事自己管，把責任推給我有什麼用？」

我當下很氣太太這樣對媽媽說話，也因為酒後放大了情緒，於是我衝進房裡，隨手抓了她的衣服丟出門外，對她大吼：「妳走！我家不歡迎不尊重我媽的人。妳走，不要再回來了！」

太太一把鼻涕一把眼淚地回吼道：「你說的那是什麼話？這裡就不是

我家嗎？孩子不是我生的嗎？我為你們家辛辛苦苦做牛做馬那麼多年，你有沒有良心！」

那天，我們吵得不可開交，我第一次對她提出離婚。我說：「每天這樣吵，我實在很累了，不如離婚吧，彼此都不用再那麼辛苦了。」

太太淚流滿面地拒絕了我，「你想都別想！我跟著你過了這麼久的苦日子，好不容易公司好轉了，卻要我走？還有為了孩子，我也絕對不會同意離婚。」

我們沒有離成，但我和太太之間，從此有了一條怎樣也無法彌補的深深的裂痕。

我和太太的關係降到冰點，卻仍維持著婚姻。婚外情的對象因為看不到未來，開始與我爭吵。公司一度步上正軌，做出了一點成績，卻又在轉型的階段業績不穩往下掉。

女人和男人一樣是可以有各種生命選擇的，
太太是因為深愛著我，才選擇將心力奉獻給孩子和家庭。

真正讓我晴天霹靂的是，媽媽癌症復發，且檢查出已經是末期了。這時候，我真的只有一個感覺，就是身心俱疲。很多問題，我去面對，就會衍生出更多的問題；而我逃避，找一個可以讓自己放鬆的溫柔鄉，到最後也會變成新的問題……到底要我怎麼做才好？

一個和我很要好的會計師看出了我的憔悴，推薦我去上心靈課程，進而在課程同學的指引下，參加了福智企業營。

我本來想說，好啊，就當作我躲起來，暫時喘一口氣，躲避一下現實，也不會有什麼損失吧？沒想到營隊迎新表演的一部《我就這樣過了一生》的舞台劇，竟讓我看著看著不知不覺就怔怔地流下淚來……這一年，我四十四歲，距離阿爸驟然離世，我一肩扛起家中大小瑣事及負債累累的公司，一轉眼便已過了二十年。

回顧起來，整整二十年，我都感覺自己像是在深不見底的苦海中浮沉。我這麼拚命賺錢，為的是要讓家人都能過得幸福快樂，但為什麼最終不僅未能如願，連我自己也越來越不快樂？為什麼老天爺要在我有點能力可以讓媽媽享福的時候，殘酷地準備將她從我身邊帶走？為什麼我和太太曾經互相扶持，走過了那麼多艱難的時刻，此刻卻相敬如「冰」，只差一點就要離婚？

沒錢的時候苦，苦得怕了，告訴自己一定要拚命賺錢，但稍微有一點錢之後，又還有比自己更有錢的人，永無止境的比較和追逐……為什麼人生怎樣都是苦，彷彿永遠不得解脫？

我看到了在場的義工，明明沒有錢可以拿，但每個人看起來都是那麼快樂，且很願意發自內心地關懷別人。為什麼他們能夠這樣活著？這份好奇與嚮往，成了我去上廣論班，接觸佛法的緣由。

在廣論班裡，我學到了「無限生命」的概念，明白很多人生的困境，其實是過去所造之業的示現，而現在所造的業，未來也會再感果。意思是說，人生中的每一個苦果，都是某時所造之業造成的，想要改命，就要從現在做出改變。

上完那堂課回家後，我坐在沙發上，靜靜地想著這些年來發生的事。工作上的苦是沒辦法避免的，我咬著牙也要把這個祖父傳給阿爸、再傳到我手上的公司做出一番成績。於是，當我和太太之間出現了問題，我心煩意亂之下，就選擇逃到另一個溫柔鄉去。因為我已經太痛苦了，我想這個人不對，就換找別人，這樣可能會輕鬆一點，卻不知道，如果你做的事情是錯的，那個苦果有一天就會再回到你身上，怎樣也無法真的得到解脫。

在這段不倫關係裡，所有相關的人都受傷。太太受傷，婚外情的對象沒辦法得到期望的結果也受傷，作為傷人的那個人，我的心裡也沒好過到哪去，更別提對孩子及家人的影響。我突然意識到，我和第三者是在共同造一個業，不僅破壞一個家庭的和諧，也給孩子做了最壞的示範。且這個業所造成的苦果，今生或來世還會再回到我身上來。

想通以後，我便下定決心終止多年來的錯誤，離開了婚外情的對象，每天下班後也盡量減少應酬，回到那個我逃避多年的家，好好地從頭開始和太太相處。我知道，在多年來造成的巨大裂痕之前，語言是蒼白無力的。我不會跟她說「從今天起，我會越來越愛妳」這種話，而是要將這種想法付諸行動。

在太太沒有注意到的時候，我偷偷地觀察著她。看著她耐心地和孩子

從前自己並不放在心上的事情，一旦意識到了，
只會讓我對太太，湧出更深的愛與感激。

說話，孩子們都乖巧又優秀；看著這個家在我流連在外的幾年間，依然被操持得這麼好，我明白，這都是太太的功勞。

在廣論班上學到觀功念恩，懂得從自己以外的視角出發，重新去看待並憶念對方的恩德後，我瞬間察覺到在我的生命中，太太是多麼的重要，我非常感激太太的付出，在我無暇他顧的日子裡，是她花了許多時間陪伴三個孩子，且從來不在孩子面前說我的壞話、盡力為我保留顏面，讓我後來還能和孩子有不錯的互動。

媽媽生命中的最後一段時光，我幾乎無時無刻都待在媽媽身邊，也多虧有太太穩住公司，讓我可以沒有後顧之憂。而我在那段時間裡，也試著用觀功念恩的概念，去找到讓她們可以彼此理解的說法。

我和媽媽說：「過去這些年，太太常常在用錢和投資上和我們唱反調，但要是沒有她幫忙踩剎車、堅持存錢買保險、繳房貸，我們現在也沒有這樣相對優渥的居住環境和醫療資源可以使用。我挺感謝她的，您覺得

呢？」

我也和太太說：「媽媽是個很堅強的人，即使是化療、開刀，承受著莫大的痛苦，在她住院的期間，她能做的都還是盡量自己來，不想麻煩我們，她真的很為我們想，妳也有感受到吧？」

隨著媽媽和太太兩人多年的心結逐漸解開，媽媽臨終前，用盡力氣虛弱地對太太說：「還好……這個家有妳，才能守住現在的一切……」太太也含著淚主動握住了媽媽已乾枯瘦弱的手。

當時看到這一幕，我不禁紅了眼眶，走到窗邊靜靜地流淚。雖然母親離世帶給我巨大的悲痛，但我心中有個很深的缺憾，在那一刻圓滿了。

當我放下過去的想法，重新檢視過往的一切，太太許許多多的好，一點一滴地浮現。

她原本學的是美髮，因為要到我們家的公司來幫忙，自學電腦和管帳。現在，她不但是我在管理公司時的得力助手，更是全公司最懂電腦的人。她那種一旦立定目標就不會回頭，說要弄懂什麼就一定要學會的決心，讓她成為我最可靠的事業夥伴。

從前我認為她小家子氣又吝嗇，如今回過頭來看，她在我資助弟弟或決策過於樂觀時出言勸阻，絕非因為她眼皮子淺，相反地，她擔心的許多問題後來都發生了。我們一家花錢都沒有節制，要是沒有她，公司或許老早在不知哪個難關時就已經撐不下去了。在公司資金不足時，她更曾經幾次硬著頭皮回娘家借錢，助公司度過困難。

她為公司付出了無比多的心力，在我以為自己獨自承受肩上重擔的日子裡，其實她為我分擔了一半的重量，陪著我撐過了生命中高高低低的坦途或險坡，一起流過淚，一同為平凡卻令人歡喜的諸多事物歡笑過。在阿爸過世時艱難無援的時刻，在每一次遇到困境的時候，她都相信我可以跨過去。

她既在我身邊做支持我的力量，也在我身後顧好我所愛的人，讓我可以在前方毫無顧慮地衝鋒……但是從什麼時候開始，我把她無怨無悔的奉獻視為理所當然；當我有了一點成就，我就認為這都是我努力得來的，絲毫沒有想到她的功勞。我們一攻一守，明明就是最佳搭檔，當初為什麼會覺得都是她的過度保守在拖累公司的發展呢？

如今換位一想，我深深地感受到了太太的委屈與偉大。

愛是不是就是這樣？我們可能曾經傷害過對方，
可是我們仍然願意想像有對方在的那個未來。

學習觀功念恩後，我自覺自己改變了很多，和太太吵架的次數大幅減少，太太久違的笑容也一點一點回到她的臉上，因此我想當然爾地認為，我們的關係大有改善。

直到我擔任「生命故事」的講師，那是我第一次正式分享我和太太之間的故事。我花了很長的時間梳理自己的過去、寫演講稿、做上台的練習，有次練習時，指導我的宛莉師姐說：「你要不要找太太來互動，聽聽她對你的講稿有什麼意見？」

我想：當然好哇！太太天天看我在家裡演練，從沒發表過意見，應該也是認同的吧？而我也很想聽聽她真正的想法！

於是我把太太也找來，結果她說：「我完全沒有感受到他的改變，因為他感謝了很多人，但還是沒提到我為這個家的付出。」我當下整個愣住了，繼而慚愧到無地自容。原來在她心裡，我做得還是那麼差，那我又有什麼資格站上台去和別人分享！

我還想起另一件事，就是許多年前，當公司的營運大致穩定下來、擴建廠房的那一天，在開幕式上，我感性地向一路走來教過我、幫過我的許多人致謝，我甚至還買了一束花，獻給在天上看著我的阿爸。我終於可以驕傲地告訴他：「您傳給我的一切，我都守護得好好的，我做到了！」但那一天，我有感謝太太嗎？我竟然想不起來了。

我不禁問起太太這件事，她很快地回答：「沒有。」回想這許多事，我的眼淚幾乎就要掉下來了。為什麼我感謝了這麼多人，卻一直忽略在我身邊最重要的她？

我受的那些大男人主義的教育，讓我時常會忽略同輩或後輩的女性，忘記要用平等的的眼光來看待她們。女人和男人一樣是可以有各種生命選擇的，太太是因為深愛著我，才選擇將心力奉獻給孩子和家庭，而我總是洋洋得意於自己的成就，可認真比較起來，我有哪一點比得上太太？

同時我也深刻體會到，觀功念恩的學習是無止境的。在不斷反省、練習的過程中，會回想起或是注意到許多從前自己並不放在心上的事情，一旦意識到了，只會讓我對太太，湧出更深的愛與感激。

我試著去分擔家事，因為我想知道，數十年如一日地做著這些簡單卻瑣碎耗時的事情，是什麼感覺？雖然只是從洗碗、拖地、摺衣服之類的簡單家事開始入手，卻也讓我多體會一點她的心情。

有天飯後，我自覺地去洗碗，太太卻忽然跑了過來。我開玩笑地對她說：「幹嘛，來看我有沒有打破碗哦？」

太太認真地對我說：「我很謝謝你來幫忙洗碗。」她口中說出的這句話，於我而言意義非凡，讓我真的很開心，也更有動力做更多的家事。

現在，前面的兩個孩子都大了，我們每天早上一起送老三去上學，然後一起去公司上班，各自在不同崗位為公司努力。下班後一起回家，假日則一起去上各種課程或是當志工。從前我常常放著她自己打理公私大小事，我則埋頭工作應酬，但我已下定決心，從此以後，工作以外的時間我都要放回家裡，要當她的專屬司機。

我帶著太太參加了社團，學打高爾夫球，但因為太太程度比較差，跟不上我的進度，加上之前受過傷，有一陣子變得比較少打。

有天我跟她說：「不然妳把會員證賣掉好了，妳又不打。」

不料她回答：「我不要。我留著，等老了還可以跟你一起打球。」

我覺得，這可能是我們家從來不說甜言蜜語的太太，這輩子對我講過最動聽的情話了。

當我開始發現別人的優點、感恩別人的給予，
我曾經的戾氣和敵對他人的憤怒也都逐漸消散了。

愛是不是就是這樣？我們可能曾經傷害過對方，可是我們仍然願意想像有對方在的那個未來。

我很感謝觀功念恩的學習，讓我還來得及領會太太的付出、懂得欣賞她的優點，終於不再錯過我身邊這個這麼好的女人。

我知道我過去做得不好，可是我們還有很長的未來，我會把我對她的愛和感謝付諸行動，而且我會一直學習、一直進步。當我開始發現別人的優點、感恩別人的給予，我曾經的戾氣和敵對他人的憤怒也都逐漸消散了。

我活得更快樂、越來越容易看到別人的善良無私，別人也越來越願意以善意回饋我，好像整個人生都變得不同了似的。

如今是我出社會以後，活得最輕鬆快樂的時刻。

我知道我在不斷地變好，也相信這樣的我，會越來越懂得怎麼對太太更好。

等有一天我老了，可能沒人想和我一起打球了，那時候太太還願意陪著我。

婚姻相談室

諮商心理師、國北教大心理與諮商學系　孫頌賢教授

很多時候過多的理想與期待，更容易帶來傷害，現代的媳婦大概都知道，不能把婆婆當作自己媽媽的標準來看待，但我要講的是，有時候現實中的婆婆，不只是不把妳當女兒，或是她兒子的太太，更可能完全把你當作外人！然而婆婆會這樣應當是有一些故事的，她也許受過傷。這個婆婆她不只是婆婆，她也是個媽媽、是個女人、是她先生的太太，她也背了很多東西，可能她這輩子的唯一就是要保護她兒子。所以其實大家都是落難人，有些關係真的不要期待太高，甚至連期待都最好不要有。

同樣的，對一個先生來講，他的角色不只是他太太的先生，還是

他媽媽的兒子，他不可能丟掉這層關係。所以我對現代人最大的建議就是，我們真的不要再為難彼此了，有時候我們很希望婚後有種親密的家庭關係連結，但這不一定有辦法，我常常覺得要降低標準，不要求到最好，剛好、夠好就可以了。

在婚姻中我們比較重視的是，一個傷害事件發生之後，這個關係會有很多傷上加傷的惡性循環，怎麼停止這個循環，才有辦法讓夫妻再一次面對彼此。

在外遇中受害太太要怎麼安頓自己？第一個她要先知道她是受傷的，要先認知說這真的不是她的錯，我們大部分看到受傷的太太，很多都會檢討是不是自己哪裡不好，甚至旁人還會跟她講男人外遇很正常，這個社會對外遇總有很多奇怪的想像。在台灣的外遇的夫妻裡面，很多太太辛苦的是，受傷後夫妻關係會有惡性循環，讓他們更受傷。我覺得她要先辨識她受傷了，而且這個傷不是她造成的。

第二個，她受傷後，若還一直希望先生可以說還愛不愛她之類的話——因為有些人會找誰是該來擔負責任的罪犯——而這無助於她受傷的復原。

第三個，她必須要問自己說，我願不願意再給這個婚姻、還有給自己一個空間？去願意理解、面對自己的傷，到底想要說什麼？這是很痛的，因為等於是要對先生再次坦承她真實的感覺。

這種傷很特別，跟一般人的信任感被破壞不太一樣，就好像我如果在外面工作很累，或是壓力大，我就找我最信任的人講我的感覺，期待他可以回應我，可是我今天卻是被我最信任的人傷害了。這個受傷的來源，跟本來安慰我的來源是同一人的時候，要去跟傷害我的那個安全堡壘說：我受傷了。要靠近，同時又害怕再被傷害，就會讓這個太太有一種很混亂的感覺。

坦承自己的感覺是很難的，因為坦承就會想到你傷害過我，所以我要想對你發脾氣，但又覺得我很需要你，很想聽你講還要不要愛我？這一句的受傷感是很強烈的。這個太太最痛苦的就是，她願不願意很勇敢地說：我願意再一次試試看。在一般生活中，太太會花很多力氣走到這一步，如果是在專業諮商關係裡，我們就是支撐著太太，讓她去面對。故事中的太太有廣論課是很有幫助的，因為她就會知道，應該要怎麼去安頓自己。

很多人都會覺得出軌的那一方就是壞人，他不需要被照顧。有趣的是，我們看到的夫妻有面臨婚外情的，犯錯者如果還想要待在夫妻關係裡的話，他也是非常痛苦的。因為先生會有很多感覺，好像他一輩子要背負這個困苦的十字架，他可能會對他太太做很多修補，可是也不知道太太會不會接受。外遇的傷不是一個人受傷，先生也是很苦的。

我們在做外遇治療有一個原則，就是會讓這個太太痛苦情緒的強度加到最強，然後讓先生就像自己被傷害一樣感受那個痛苦，先生在那個時候說出對不起，才是真正的寬恕。這是用一種叫做因果報應的原則，讓先生在安全的範圍內被懲罰，先生會坐在那裡感受痛苦，這個時候很多先生都會說：天啊！原來我對太太的傷害是到這種程度！因為她是這麼的心痛。我常常覺得有苦難，先生才會知道說：我真的傷了一個人，我絕對不能再做這些事情。那時候的道歉才會有用，所以一定要讓太太感覺到先生有覺察她的痛苦。

有時候受傷的一方最後願意再給對方機會，走一個寬鬆、再重建的關係，其實是比較圓滿的。我有些老夫老妻的案例，老太太會說：這輩子我不會離婚，他雖然傷害過我，就當作我前輩子欠他的，我這輩子好好還他，下輩子就可以不用再見到他了。這不是放棄關係，是一種她接受了，她也會對先生好一輩子，可是下輩子不用再見了，我覺得這是一個祝福，我們都各自安好，這樣就好了。

真正的修復，也不是說什麼我還是愛你的，不是！是回到那種彼此相知相惜、有愛的狀態才叫修復。我覺得兩人之間真正的連結，或是善待對方，其實就是一種慈柔、良善的狀態，真正願意理解與接納，就是要到那種程度。

- 不要過度期待與婆家的親密家庭關係連結，稍微降低標準，剛剛好就好了。
- 面對婚外情的傷害，首先要讓受害方辨識自己真的受傷了，而這個傷不是他的錯。
- 避免婚姻傷害事件後傷上加傷的惡性循環，不急著去找誰是該負責的罪犯，無助於受傷復原。
- 去問自己願不願意再給婚姻一個理解的機會、給自己面對的空間，坦承自己真實的感覺。
- 讓出軌者真實感受伴侶的痛苦，原來自己真的傷了對方，那時的道歉才會有用。

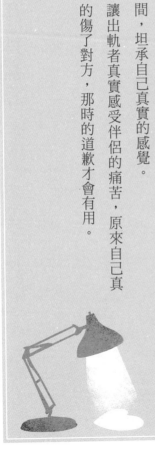

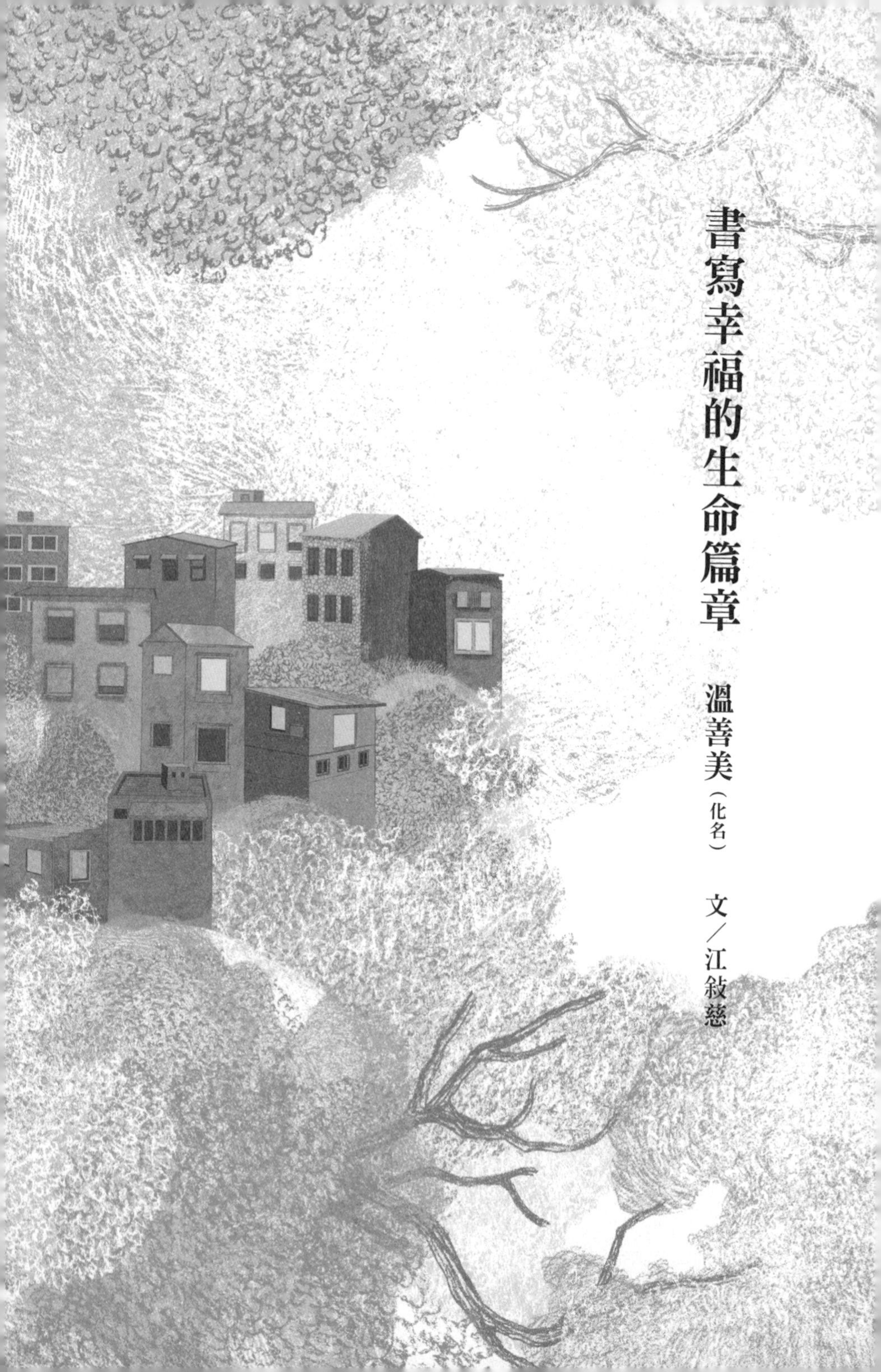

書寫幸福的生命篇章

溫善美（化名）

文／江敍慈

「磨難，像一塊石頭，只是有人選擇讓這塊石頭壓住自己，有人選擇把它當墊腳石，攀上下一座高峰。」

《希望．新生2》心之勇士007

我還記得剛結婚時，每當看著先生，
心中便會有一股踏實的幸福感油然而生。

「妳有沒有搞錯啊！」幾番唇槍舌劍後，先生突然對我大吼：「妳去外面問一下，哪個醫生家裡是讓醫生自己洗碗的？」

聽見先生既惱怒又不以為然地說出這句話，讓我頓時無言以對。我不是不知道該如何反駁，而是完完全全想不到，一向溫厚、謙善的他，怎麼就說出這種自視甚高、全然不顧他人感受的話。

我深吸一口氣，將滿腔的委屈跟怒氣壓下：「我知道你很辛苦啊，但我也要上班、還要顧孩子，家事也幾乎都是我在做，就那麼一次請你幫忙，很過分嗎？」我盡力讓自己保持平靜，聲音卻忍不住顫抖著。

好像聽到我說了什麼極其荒謬的話，先生不耐煩地瞪著我，嫌我添亂似地一邊揮著手，急躁地回說：「不要跟我講這個，整天就知道碎碎唸，妳的工作能跟我比嗎？」語畢，先生搖了搖頭，旋即轉身走進書房，並大力甩上房門。

我深吸一口氣，打開水龍頭開始洗碗，同時也不斷在心中安撫自己：

沒事，沒事，他是真的很累，不要跟他計較，他不是這樣的人，只是太累了，不要想太多——但就在我感覺到悲傷襲來的那一瞬間，我看見一滴眼淚掉落、滴進漂浮著泡沫與髒污的水槽中。

與先生走到這樣互不諒解、甚至相互指責的境地，是我始料未及的。我還記得剛結婚時，每當看著先生，心中便會有一股踏實的幸福感油然而生，我深深感到慶幸與感恩，因為我真的嫁到了一個可靠、善良、體貼的人了——就像我爸爸那樣。

那份幸福，是一種「得償所願」的美好感受。我沒有什麼戀父情結，但父親給我的溫暖和支持，深深地影響著我，以至於我的人生選擇。

我算是很清楚自己志業的人，還是青少年的時候，我就下定決心以後要當老師；然而，我就讀高職，在那個入學管道有限的年代，高職生要進入師培體系，只有一個方法，就是考進國立彰化師範大學，全台灣只有四十個名額。

由於不想增加父母的負擔，當時的我半工半讀，賺取自己的補習學費，這樣辛苦的生活，也讓我更加堅定，我不只是要擠進全台前四十名，更要考上前二十名的公費生。所以，當時既要打工，晚上還要補習，回家後再繼續抱著書本苦讀的日子裡，念到體力不支、直接趴在桌上睡著，對我來說是家常便飯。

還好我有一個最支持我的爸爸，總是透過各種方式給予我力量；像是我補習回家晚了，爸爸永遠都會在火車站票口等著陪我回家，風雨無阻。到家之後，他會叫我先去洗澡，然後趁我洗澡時準備熱騰騰的宵夜，有時候是一碗湯麵、有時候是甜滋滋的紅豆湯，補充我的體力、也為我打氣。

我的父母從來不懷疑女兒是否能達成這麼困難的目標，爸爸尤其像是一個單純熱情的啦啦隊，認為我一定做得到，他只要盡全力擔任後援就好。這股純粹、毫無猶疑的信任，是我最牢固的後盾，也讓我義無反顧、拚盡全力考上公費生。完成理想的那一刻，滿懷的成就感不言而喻，更多的是對父母、尤其是父親的感謝。

那段有父親陪伴、朝著夢想前進的日子，令我永生難忘，並在心中暗自盼望：希望能找到一個像父親這樣溫柔體貼，會支持我、照顧我的，得以託付終身的良人。

與先生的相遇，可說是一連串的巧合，我們都不是出國留學或工作，

他是不是忘了，我是他的太太，
是並肩前行的夥伴，不是職場上的下屬呢？

卻是在國外相遇，如今想來都覺得很神奇，或許真是命運的安排吧！

那時，我工作了幾年，存了一點錢，和朋友約了一起去日本玩，但是朋友臨時有事無法出門，我只好一個人跟團旅遊。還是醫學生的先生則跟著學校一起到日本進行學術交流，初在飯店大廳相遇，同來自台灣的兩團人親切地彼此招呼。

「妳是哪裡人？」年紀相仿的斯文男生與我搭話。

「基隆。」

「好巧，我雖然是彰化人，但來台北讀書。」男孩說，「台北和基隆還滿近的。」

好像冥冥中注定要相遇似的，不同目的的兩團，行程卻驚人的相似，過沒幾天，又在同一個飯店碰面了。

「嗨！又見面了。」男孩向我招手。

我笑笑地點頭。

回台灣前，這個男孩跟我要了聯絡方式。

原本，我以為只是交個朋友，並沒有想太多，但隨著相處時間一久，我們之間的化學變化也越來越明顯；先生在馬偕醫院實習，工作非常忙碌，但只要有空，他就會從台北騎摩托車到七堵，千里迢迢，只為了見我一面、跟我聊聊天。對他積極熱情的行為，我真的好感動，而先生的勤奮、務實，還有對於醫師工作的使命感，在在都讓我感覺到這個男人的堅強與可靠。

可漸漸地，我也察覺到彼此之間的差異，其中最明顯的，就是原生家庭的行事風格，我的父母都是上班族，朝九晚五，生活起居也很普通；先生的父母卻是在市場賣水果的，天天早出晚歸，一點一滴拉拔三個孩子長大成人。

先生告訴我，他們從小到大全家很少一起吃飯，因為市場攤位不能沒有人顧，孩子們也要幫忙，都要抓緊時間輪流吃飯，連除夕夜也不例外。

因為每一分錢都得來不易，所以他們一家都相當簡樸，即使先生後來成為醫師，仍然維持節儉作風，從不曾奢靡消費。這當然是很棒的優點，但年輕時候的我沒有想到，這個優點，也同時顯示了兩人、或說兩個家庭價值觀的不同。

我還記得，參加先生的畢業典禮的時候，我害羞地想著，待會是不是要和先生的家人一起吃飯慶祝呢？即使和先生交往一段時間了，面對他的家人我還是會緊張，但我萬萬沒想到，這居然是先生全家生平第一次外出聚餐，或許是因為個人的時間對不上、又或許是節儉習慣使然，總之，家中就是沒有這個文化。

「我爸媽很忙啦，平常就沒時間在一起吃飯了，哪還有那個閒工夫特別去餐廳。」後來，我忍不住詢問先生，但他絲毫不放在心上，而且言談之中，他似乎也不認為需要為生命中特別的階段團聚慶祝，甚至覺得有點浪費。

這些小細節，讓我驚訝之餘，也閃過一絲不安，但我旋即告訴自己，每個家庭的狀況不一樣，最重要的是品格，先生一家也確實都很善良、踏實，這樣一想，又沒有什麼問題了。於是，隨著先生畢業，我們倆也步入禮堂，走向下一階段的人生。

當時的我，怎麼也想不到，這些細枝末節的不一樣、那些一閃而過的不安，都在往後的夫妻生活中，彷彿滾雪球一般，越滾越大，終於吞噬了我們。

常聽人說，巨蟹座很居家、感情很豐富，這點真的在我身上展露無遺，對愛情、對婚姻生活，我懷抱許多憧憬，期待跟我的真命天子一起組織家庭，享受和睦的天倫之樂。

然而，那些憧憬、那些粉紅泡泡，在我們結婚沒多久，就一個一個破

有福之人，想什麼有什麼；無福之人，不想什麼來什麼。

滅了。有多快呢？猶記得，我第一次體會到夫妻吵架的打擊、嘗到現實生活的苦澀，是在墾丁大街上，那是我們的蜜月。

身為一個新嫁娘，我幻想著這趟旅行可以成為兩人最甜蜜的回憶，也下訂了最高級的飯店，明明行程都安排好了，但就在辦理入住的前一刻，看到房價價目表的先生突然拋出一個問題：「我跟妳商量一下，我們今晚可不可以不要住這間，改住其他飯店？」

聽到他這麼問，我整個人都傻住了，不是都講好了嗎？為什麼忽然變卦？或許是感受到我的震驚，先生連忙解釋，「不過是睡覺而已，一晚四、五千元實在太貴了，住在稍微次等一點的飯店，把錢省下來花在其他地方，不是很好嗎？」先生還說，況且兩人已經是夫妻了，以後還有很多機會一起旅行，沒必要在蜜月就住那麼高檔的飯店。

我知道先生平日很節省，但怎麼會有人在蜜月的時候還在討價還價？剎那間一波波強烈的委屈與憤慨襲上心頭。

「可是蜜月一輩子才一次，」我強忍著情緒，卻已忍不住哽咽了：「對我來說很特別，跟其他旅行不一樣，再說飯店早就訂了，如果你覺得太貴，為什麼不早說？」

先生也有些不高興：「我本來就不贊成，是看妳那麼期待才不說話，但這間真的很貴，難道不應該再考慮一下嗎？」

「所以是我的錯嗎？是我不會想？」先生略帶質疑的回應刺傷了我，我不禁激動起來：「這些都是早就講好的，你現在才在反悔，如果我堅持就是愛亂花錢？你不情願住起來也沒意思，我也不想當一個浪費錢的老婆，嫌貴的話，乾脆就不要度蜜月，直接回家算了！」

眼見我情緒潰堤，先生也慌了手腳，不知怎麼辦才好，我們倆就這樣僵持不下，誰也說服不了誰。不知為何，我心中忽地閃過一個想法：「如果是爸爸，應該不會這樣出爾反爾吧。」

過了好久，先生總算伸出手來，語氣也和緩不少：「好了好了，出來玩不要吵吵鬧鬧的，妳想住我們就去住吧。」說畢，他牽起我的手走向櫃台，我賭氣不發一語，其實還是覺得他在怪罪我，但也不想再跟先生爭論，兩人都盡力維持蜜月氣氛的和諧，然而已經遭到破壞的情緒終究無法挽回，雖然如願住進了高級飯店，兩人卻都因不愉快雙雙失眠了。

第一天就吵成這樣，彷彿為我即將展開的婚姻生活蒙上了一層陰影，先生猛然的轉變、從未見過的不滿神情，在我腦海中久久揮之不去。

雖然婚姻的起始「出師不利」，但在我們心中，仍覺得這只是小事，既然已經決定牽手一輩子，就要做好心理準備，一定會有意見相左、甚至是衝突的時候。所以我們並沒有為蜜月旅行的爭執糾結太久。

婚後，先生也結束了實習，開始了住院醫師的生活，而我除了原本的教師工作外，又多了一個媳婦的角色。嫁入夫家後，固定上下班的我是最早到家的人，需要負責煮全家的晚餐，如果先生晚上留院，我還要送便當過去給他。雖然料理對我並非難事，但過去在娘家，主要還是媽媽擔任大廚，我從旁協助，突然間要一肩挑起張羅全家的晚餐，使我有點難以負荷。

最讓我感到焦慮的，是逢年過節時的祭拜，每個家庭在意的習俗不一樣，婆婆更是非常講究細節，什麼神要用什麼東西拜、祭拜時間、祭品用什麼器皿擺、要擺在哪裡，每一項都是學問，禁忌更是多如牛毛，我還特地拿筆記本一項一項記起來，就怕自己犯了忌諱。

對初為人媳的我來說，著實是很大的考驗，我又希望能好好表現，得到公婆的肯定，所以每件事情我都戰戰兢兢，給自己很大的壓力。而先生的工作越來越忙，我不願意增加先生的煩惱，便很少訴苦、更不曾請他分

我的怒氣是我該學著將其化解的功課，在這個功課做完之前，
我的生命不會有太大轉變。

擔家務，日子一久，我變得抑鬱，自己卻沒有察覺。

另一方面，可能是我跟先生的成長過程中，都沒有機會好好學習對話與理解，因此我和先生對於「溝通」這件事都很不熟悉；遇到不開心的事情，我第一時間都會壓抑、隱忍，但情緒是騙不了人的，先生偏偏是個敏銳、又比較直白、藏不住話的人，他希望我遇到事當下就說清楚，不要總是悶在心裡。

我後來也能理解醫生就是這樣的，他們總是在與死神搶時間，加上工作壓力大，回到家來如果還要面對我的冷戰，先生真的是受不了，每每要問個明白：「到底在不開心什麼？」又或是說：「有什麼話就說，不要擺臉色！」先生想要誤會立即解開，不要影響家庭氛圍，只是先生過於直接的話令我聽了更不舒服，也更不願意溝通，到最後，一個步步進逼，一個悶不吭聲，往往不了了之。長久下來，兩個人都變得很不快樂，卻也不知如何改善。

到底在吵什麼？說起來有點不好意思，我們之間並沒有什麼大問題，與公婆之間也相處融洽，夫妻各自的工作都蒸蒸日上，在他人眼中，我們應該是很幸福的。真的讓我們僵持不下、甚至吵起來的，多是一些小事，卻因著對彼此的不理解，而越鬧越僵。

最常吵的一件事，竟然是「剩菜」。

和公婆住在一起時我就發現，先生家沒有「廚餘」這件事，如果真的有剩下的飯菜，那就一定要隔餐繼續吃，不可以丟掉。相較起來，我家就隨意的多，吃飯快樂健康最重要，萬一真的吃不完、或是什麼東西放到過期了，那就丟掉吧，不覺得有什麼不對。

但我的隨性看在先生眼裡，就變成了浪費，更難以忍受。有一段時間他最常做的，就是打開冰箱檢查，細數著哪些東西我又放了很久，或者不小心放到過期了，他就會很看不慣，覺得為什麼好好的食物要放到過期？為什麼這餐沒吃完下一餐又煮新的菜？

每當他因為這些事情碎碎唸時，我都覺得好委屈，總在心底對他吶喊：醫生，煮飯很累人的好嗎？要不是想讓你吃到新鮮、營養充足的飯菜，我也不用一直煮啊！況且我又不是真的多浪費，一道菜吃到剩下一點點，吃不完就算了，為什麼一定要逼著我們下一餐繼續吃呢？

先生不斷開冰箱、檢討我的購物習慣的行為，其實會讓我的神經很緊繃，長期下來，也成為另一股壓力。有一次，先生數到不耐煩了，便用有點譴責的語氣說：「老婆，我們家冰箱不是拿來冰垃圾的，好嗎？」聽到他這麼說，我真的好難過、也更感到不平。

「又不是你在準備三餐，家裡人肚子餓也不是找你，你根本不知道，要煮到你所謂『剛剛好』的份量有多難！」我在心底忿忿地反駁，只是不想再跟他爭論，便「嗯」了一聲，不再回話。先生也看得出來我不高興，但仍堅持自己的立場，那天晚上，我們倆一句話都沒說了。

因剩菜產生的不愉快，其實反映了我們倆的行事風格、價值觀的差異；對我來說沒什麼的消費或行為，看在已勤儉成習慣的先生眼裡，就變成了「浪費」，總忍不住唸個兩句。

不只是「剩菜事件」，連「跨行提款」這件小事，都可以讓我們吵起來；對我來說，每天要處理這麼多瑣事，「效率」是最重要的，如果能趕快把事情處理好，花點手續費又有什麼關係呢？

但先生不這麼想，只要看到我跨行提款，他就一臉不開心，到後來，我變得很緊張，倘若不小心有提款手續費的支出，就會小心翼翼地藏起明細表，不讓先生察覺。有次我不小心隨手將明細放在桌上，先生便拿著來質問我：「妳又跨行提款了嗎？」、「不要因為貪一時的方便，而浪費不該浪費的錢，知道嗎？」

雖然都是小事情，先生也不會說得太難聽，但誰喜歡一天到晚被教訓呢？我心裡當然也不服氣，甚至故意陽奉陰違，堅持原本的做法。我們就

改變命運的關鍵，在於每一個起心動念。

這樣各持己見，一個覺得「妳怎麼老是改不過來？」，另一個覺得「你為什麼那麼不通人情？」雙方始終沒有共識，陷入同樣的負面模式，好似有什麼小疙瘩藏在心裡，不至於破壞我們的婚姻，但多多少少影響了夫妻的感情。

「妳小心一點好不好！？」先生一面心疼地捧著石頭，一面氣沖沖地說：「這很貴耶！摔壞就買不到第二個了！」

一聽到這句話，原本打算按捺住脾氣的我，再也忍無可忍了。「你也知道這很貴啊？」彷彿將積壓已久的不平衡一吐而出，我的語氣出現了前所未有的嘲諷：「奇怪了，平常我轉帳花個十五塊手續費你就能唸半天，現在一塊石頭要好幾萬塊，你怎麼就那麼爽快，付錢時眼睛都不眨一下？」

先生瞪著我，久久不語，過了好長一段時間才冷冷地說：「妳不懂就算了，我不跟妳吵。」語畢，他便如獲至寶般，小心翼翼地抱著石頭走回書房，關上房門，拒絕交流。而被留下的我呆站在原地，深深的無力感襲滿全身，氣到連說話的力氣都沒有了。

婚後幾年，先生愛上了收藏石頭，越買越多、越買越貴，最高還曾買到六位數！在我看來，這才是真正的不可思議，那麼節儉的人，怎麼會花大錢買這些冷冰冰又毫無用處的石頭呢？我們家家境又不是那麼寬裕，這些石頭也不是什麼高貴的鑽石，我完全不懂怎麼會有人想要花大錢購買？

我厭惡先生的雙重標準，也有一些埋怨，想跟先生耍脾氣，不願去了解先生真正的想法，先生面對我的冷臉，也不想跟我好好溝通。我們維持著表面的平靜，彷彿不說、不鬧，我們就還是過著幸福快樂的日子，只有我自己心裡知道，我和先生的衝突就像顆未爆彈，隨時有一天會爆發。

我不知道我怎麼會把日子過成這樣？要說我不幸福，那也不至於，縱然和先生相處上有些摩擦，但我也不得不承認，先生非常愛護我、愛護我們這個家。就拿運動這件事來說好了，先生運動神經很好，平常就有慢跑的習慣。我和先生截然相反，我本來就不喜歡運動，跑個幾步就氣喘吁吁，但先生仍堅持要我跟他一起跑步，還把我介紹給了他一個中醫老師，並說得振振有辭：「妳跟著老師，可以學到很多東西。」

我根本不清楚他做何用意，我當老師當得好好的，為什麼工作之餘要和中醫師學習啊？就算可以學到很多東西，那又如何？

可我性子軟，見到老師第一面還遭到言語恐嚇：「妳全身都沒什麼肌肉，從頭到尾都爛透了！如果不鍛鍊，妳的身體會很糟糕！」

任憑誰被個醫生警告身體糟糕，都會嚇死了吧？於是不懂拒絕又心有餘悸的我，就這麼乖乖地跟在老師身邊，學習一些中醫調養身體的知識，並在老師和先生的共同要求下，開始進行運動訓練。

一年下來，我的體力不但有很大的進步，還能和先生報名參加馬拉松，而且是全馬！

起跑開始沒多久，先生就按照自己的配速自顧自地跑遠了，不曾稍作停留等等我、看看我。就好像我們的婚姻一樣，他一直很有目標，可是我因為勉力跟著他的腳步，把自己累得不行。

最後我實在跑不動了，在距離終點還有四分之一的路程時倒下，全身僵硬地上了救護車。

救護車送我到終點時，我終於看到了先生，他咬緊牙關、在四個半小時內跑完了全程，換來的是大拇指脫落的指甲，和被血染紅的襪子！

我看著先生得意地拿著完賽證明，也很為他感到驕傲。但敬佩他的同時，也隱隱有種感覺，總覺得先生好強勢，我知道他是為我好，在乎我的健康才要我運動，為了節省家庭開支所以才斤斤計較，可是他好像不曾傾

我體會到自己之所以那麼不快樂，是因為我都把目光放在讓我不快樂的事情上，而忽略更多美好的時刻。

聽過我個人的感受，他習慣了掌控全局、施加命令。

但他是不是忘了，我是他的太太，是並肩前行的夥伴，不是職場上的下屬呢？

不僅是身分的轉換，以及屢生摩擦的夫妻關係，令我感到鬱悶，孩子遲遲未來報到也使我焦慮。

我和先生都愛孩子，也早早計劃要生小孩，但是好幾年過去了，就是沒有動靜，看了醫生也不見效果，還因為打針吃藥，受了很多苦。

關於沒有孩子這一點，我其實很感謝我先生，從來沒有給我太多的壓力，甚至私下和我討論過，假如我們的生命中沒有孩子能不能接受？

命中有時終須有，這點我和先生比較看得開，但長輩看不開，心急如焚的婆婆，眼見求醫沒有幫助，就開始帶我去各大廟宇求神問卜，祈求神佛賜下一個孩子。婆婆還瞞著先生求來好多符，燒成符水要我喝下。

我無法違抗長輩，順著婆婆喝符水、拜宮廟，同時還進行著西醫治療。那些年，求子困難是我最大的「苦」，對於孩子的迫切渴望，讓我心底的焦灼、不安、對自我的貶責、對生命的埋怨，種種負面能量不斷累積，使我變成了一個受苦的人。

就在這時候，我經歷了一場嚴重的車禍，深刻體會到與死亡是如此靠近，促使我重新思考，這輩子應該要怎麼活，才能活出生命最大的價值？我認真地去尋求學習的機會，因緣際會下，在彰化一間佛教文物店，看到了牆上的白板寫著「廣論」二字，一下子觸動了我。在此之前，我便曾透過名人介紹翻閱《廣論》，只是自己看實在看不懂，藉由這個契機，我詢問老闆廣論班的招生訊息，就這麼進入了系統性的學習。

為了尋找生命的意義與價值，也暗暗希望求子能順利，我去上課時都帶著期待能快速翻轉命運的心，所以看事情的角度仍很狹隘，心中的苦也沒有消去多少，直到賴學長開導了我。

賴學長是學院主任，是一位很有智慧的人，我跟他大吐苦水，想知道有沒有什麼方法可以化解求子不得的苦，學長沒有正面回答我的問題，反而問我：「妳是不是很愛生氣？」

「我不太會發脾氣啦，但滿愛生悶氣的。」一面對賴學長突兀的問題，我有點摸不著頭腦，不明白這跟我求子不得的苦處有什麼關係？

賴學長淡淡地說：「生悶氣照樣燒福報。」說著，他平靜地、深深地看了我一眼：「有福之人，想什麼有什麼；無福之人，不想什麼來什麼。」

短短的兩句話，卻帶給我極大的震撼，我愣在原地，久久不能言語，不知怎麼地，好像有人在我腦中播放影片一樣，一幕幕的場景接連浮現在我眼前，其中最多的，竟是與先生衝突的畫面……

原本去上廣論班，是希望能化解無法懷孕的困境，卻被引導重新省視自己的習性，令我相當意外。但賴學長說得很清楚，我的怒氣是我該學著將其化解的功課，在這個功課做完之前，我的生命不會有太大轉變。

賴學長的建言和課堂上傳授的觀功念恩概念不謀而合，我自己也明白，要在婚姻裡找到一個完全能符合理想、對我百依百順的人，是不可能的！而兩個人相處，難免會不合、會有不愉快的地方，這些我都懂，也感謝先生為家庭的貢獻，但若要我坦然地道出他的好、對他表示感恩，我就是不情願！

可能是看到我的困難，賴學長建議我，先從讀《了凡四訓》開始，透過這本書，慢慢去參透「改變命運的關鍵，在於每一個起心動念」這個道

透過書寫他的好，我才驚覺，原來，那個善良、勤懇、真誠的大男孩，其實從未離開過。

理。他還鼓勵我，可以先從寫「善行日記」開始，就算是很瑣碎的小事也沒關係，只要是行善的，就去做，然後把它記錄下來。「行善可以積福，保持耐心去做，妳的生命一定會有轉變。」賴學長說。

由於太希望改變自己了，我非常認真去執行賴學長提供的辦法，讀《了凡四訓》、積極行善、寫下一篇篇的「善行日記」；我也持續努力去學習觀功念恩，漸漸的，我體會到自己之所以那麼不快樂，是因為我都把目光放在讓我不快樂的事情上，而忽略更多美好的時刻。此外，我也發現自己思考中的一個盲點：我過於聚焦在先生強勢的人格特質上，以至於我即便看到了他的優點，也寫不下來。

我太在乎自己的感受了，導致心裡過不去。

在這段生命頻頻撞牆的時期，我遇到了另一位貴人，是我們在共學分享時遇到的一位朋友，他告訴我們，自己從小目睹母親被父親家暴，因此深恨父親。學習觀功念恩後，法師要他每天寫下父親的一個好，對他來說是難上加難，剛開始，他根本不知從何下筆！但法師告訴他，一定有，靜下心來慢慢回憶，重新去感受父親對他付出的「恩」。

這位朋友說，他一直拚命想、拚命去挖掘記憶，果然想起一些早已遺忘的事情，像是小時候，父親其實很慈愛，常常帶著他去公園玩、陪他玩溜滑梯；在求學過程中，不論他需要什麼資源，父親都會盡量給予，從沒有第二句話；甚至有一天，他去曬衣服時，赫然發現晾曬的陽台，是由父親親手改建，改善了許多的不便。一件一件的小事，都讓他重新看見父親，體悟到父親並不完全如他記憶中的那樣，只是個凶神惡煞。

同時，在日常生活中，他面對父母的衝突，也不再是滿腔怒氣。有一回，父親又跟母親吵起來，差點又要動手，他架開父親、並要母親離開現場，過去這個時候，他都會狠瞪父親，但是這次，他扶著父親坐下，耐心安撫父親，「您為什麼會這麼生氣？這份怒氣是針對媽媽的嗎？還是因為其他的事情呢？」

父親說著說著，火氣漸消，冷靜下來後不禁問兒子：「你以前不是這樣的，現在怎麼變一個人了？」

「因為我在學《廣論》，爸，您要不要跟我一起去上課？」

父親不好意思，拒絕了幾次，但兒子毫不氣餒，時常與父親分享《廣論》的概念和學習心得，父親越聽越有興趣，後來，那位在朋友口中暴躁會家暴的父親，竟然能夠和兒子一同出席聆聽法師講座，面容和善，和兒子感情融洽，不見從前父子倆劍拔弩張的景象。

聽到這裡，我已經感動得無以復加，這位朋友的見證，就好像為我打了一劑強心針般，我也要好好學習、並落實觀功念恩在我的婚姻上。

我開始一份新的紀錄，叫做「婚姻記帳本」，把先生的優點，一點一滴地記下來，說真的，有時候實在很難寫，但我總是告訴自己，想想那位朋友，他跟父親已經深植多年的仇恨，都可以化解了，相形之下，我跟先生根本就沒有什麼深仇大恨，只要我也認真依循著他的做法，我們之間的關係也會好轉、彼此心中的苦也將能消弭。

如果我真的寫不出來，我就會去請教那位朋友，他總是能帶我從不同角度，重新去發現先生的好，而每一次透過跟他對談，我就會更堅信：對的事情，絕對值得堅持下去。

這本「婚姻記帳本」我一寫就寫了許多年，而後，我又寫下先生的「一百好」，也就是他所做的一百項善事。在一筆一筆紀錄之下，先生過去的付出重新浮現在我眼前，不論是生活中的小細節、還是突如其來的重大事件，先生都不曾缺席，一直支持著這個家、支持著我。透過書寫他的好，我才驚覺，原來，那個善良、勤懇、真誠的大男孩，其實從未離開過。

只要我們翻轉自己的目光，時刻保有感恩、慈悲的心，
將看見幸福不斷累積。

首先讓我懷念的，是剛生下孩子的那段歲月，奇妙的是，原本對於浪費的定義大相逕庭的我們，卻在生了孩子後統一陣線。原來我們跟許多父母一樣，使用拋棄式的尿布，但眼看著尿布不斷消耗，我感到不舒服，倒不是擔心花費，而是覺得製造了好多垃圾，好像無形間，讓孩子也成為汙染環境的人，讓我吃驚的是，先生也是這麼想的。

於是，先生跑遍各大嬰兒用品店，就是要找到布製的尿布，我們就這樣過了好長一段洗尿布、烘尿布、曬尿布的歲月，雖然先生工作忙碌，但他在照顧孩子的事上從不推諉，使用布製尿布很麻煩，可是能跟先生一起為寶寶收集尿布用的棉布、整理尿布，帶給我一種平靜的滿足。

不僅對孩子是如此，長期以來，我一直覺得他對我有點嚴厲，但透過回憶，我想起當年生死交關的那場車禍，而他，又是如何殷切地照顧我、毫無保留。

那是民國八十四年，我在鹿港高中任教，考量到通勤辛苦，先生把剛

買的新車讓給我開，自己繼續騎那台老舊的摩托車上下班。就在某一天，我不知怎麼開的，居然整個人把車開到魚塭裡面去了！那是我最接近死亡的一刻，即使已事隔近三十年，想起來仍然餘悸猶存。

當時手機還不普遍，我被救起來時，還得到處找電話，才聯絡得上我先生，說起來很好笑，打給先生的當下，我還在擔心，車子才新買沒多久就泡水了，還得用吊車才從田裡吊出來，老天，不知道維修要花多少錢，他一定會很生氣！

然而，當先生騎著破摩托車，從彰化趕到鹿港來時，他沒有一句指責，只是神色擔憂、急迫地向醫護人員詢問我的情形。那時候，雖然身體因受傷而疼痛，但是我的心卻盈滿了安心的感覺。

事後車子維修花了二十六萬，對剛出社會沒多久的我們可說是天價的維修費，但先生二話不說便將所有費用付清，且在往後的日子，從不曾拿這件事數落過我。

我好奇問先生，他只是淡淡地說：「那是意外，而且只要是在刀口上，該花的錢就要花。」他的反應讓我印象非常深刻，並且自此更加了解先生，原來，他只是勤儉、不喜歡無端浪費，而不是小氣，一旦涉及到家人安全，不論要花多少錢，他都不會有第二句話。

此外還有好多好多事情，在在都顯示著先生的慷慨、體貼與責任感：他負擔幾乎全額的家庭支出，並盡力給我跟孩子安穩的生活；婆家跟岳家有任何需要時，他都會一肩扛下，從不推辭；退休之後，我不再領有年終獎金，他怕我年關支出大，主動包一個大紅包給我。

不僅是經濟上的支出，他也透過實際行動，在生活的各個面向愛護著我們；在一整天的工作後，他仍會刻意保留時間，陪我吃水果、聊聊天；知道女兒愛吃芋頭蛋糕，總會在女兒歸家的前一天就特地買好，等著給女兒享用；不管多累，他仍會陪著我跟女兒，騎腳踏車、逛書店，用心打造我們的家庭時光，我跟女兒有任何需要，他都會盡力完成，就是要讓我們安心……記錄至此，我的雙眼早已濕潤，先生對我與家庭的付出是如此真摯，且不求任何回報。

從開始接觸《廣論》、上課，至今已經過了二十多年，在這段期間，不只我看先生的眼光不再一樣，先生自身也有了很大轉變；他一直都是好丈夫、好爸爸，只是價值觀的差異，以及他直白又有點急躁的性子，常不經意刺傷了我。但在這二十多年間，先生可靠依舊，但也慢慢變得柔軟，後來我們倆一起學習《廣論》，他再次展現認真積極的態度。

而我發現，當我不再執著想著改變先生，透過身體力行，先生自然會跟著改變。好比有次，我實在太累了，就將晚餐的碗盤擱著，想說晚點再

婚姻之路確實不是一條容易的路，它就像是一場
「兩人三腳」的修行，兩個人必得不斷協調，
更要等待、包容對方，才能持續前進。

洗，結果隔天一早我被廚房的水聲驚醒，走近一看，原來先生起床發現碗沒有洗，就直接動手清理起來。

看到他在洗碗，我腦中閃過的第一個想法是「完了，要被唸了！」急急過去想要接手，但先生很溫和地要我去休息，他來洗就可以了。

這還是那個曾經對我嚷嚷著有哪個醫生在家裡洗碗的先生嗎？

我既好笑又覺得感動，我想，過去先生不是不體貼，只是他的工作太忙、太累了，就和從前的我一樣，我們都太關注自身，而忽略了他人，當我們急著宣洩負面的情緒，對方也會跟著升起防備，彼此都想著多進一步，可是只有一個人主動後退了，另一個人才會跟著後退。

我不再和先生計較家務的歸屬，先生反而會主動協助我，看到我在廚房煮飯，他不會閒閒地坐在客廳等飯吃，而是拿起刷具，洗浴室、洗廁所，一手包辦，一句怨言也沒有。

我和先生對於金錢價值觀的差異也是，對於先生愛石成痴這一點，過

去我無法理解，兩人常因為這件事起口角，直到我嘗試調整自己的心態、學習尊重先生，因為石頭吵架的頻率才逐漸降低。後來，我跟先生聊他對於石頭的喜好，先生說：「石頭很安靜，不會吵，可以讓我感到平靜；而且石頭不用費心整理、照顧，只要好好欣賞它的美感就好了。」我驀然察覺，先生喜歡石頭，是不是因為醫師工作壓力太大了，對比喧鬧的醫院診間，沉穩的石頭真能帶給他內心的平靜？

理解這件事後，我不再那麼介意他收藏石頭了，反而很慶幸他找到一個愛好，讓他可以舒緩工作壓力。而法師也建議我，打開自己的心，去接納他的喜好，因此我也會陪著先生到處去買石藝品，他非常喜歡新竹關西的黑石，有將近兩年的時間，我們有時間就會到關西，去蒐集各式各樣的黑石。

其實，我還是無法完全體會愛上石頭的心情，只是我已懂得用尊重跟陪伴來取代對立，也懂得照顧自己。當先生去買石頭，我就去買名產、吃好吃的東西，兩個人都很開心，「陪先生買石頭」對我來說，已不再是苦差事了。

對於我的表現，或許先生也感到很驚喜、很欣慰吧，所以有機會，他也會用他的方式表達感謝，像是他後來轉為收藏茶藝品，便常常為我烹茶，雖然這只是一個小舉動，但過去的他是不可能這麼做的。每每接過先生精心泡好的茶，都能感受到他那份含蓄的溫柔。

這幾年，我常有機會到處分享我學習的心得與生命見證；有一次，我們到南投參加茶藝活動，茶友為我安排一小時的講座，先生也在下面聽，演講結束後，許多朋友都給我正面的回應，我很感恩，然而最令我震撼

的，是有人對我先生稱讚我：「你太太講得真好。」先生笑著回應，「我太太不僅講得好，她做得更好。」我看著他臉上驕傲的神情，赫然想起賴學長當年的那句「有福之人，求什麼得什麼」。

原來是這樣啊！我修了二十多年，才明白何謂「有福」，在人的一生中，有許多美好的事物、值得珍惜的人相伴相隨，只是我們往往容易過度關注得不到的、或是不滿意的，所以看不見自己早已擁有的幸福，總是怨嘆自己辛苦。其實，只要我們翻轉自己的目光，時刻保有感恩、慈悲的心，將看見幸福不斷累積。

婚姻之路確實不是一條容易的路，它就像是一場「兩人三腳」的修行，兩個人必得不斷協調，更要等待、包容對方，才能持續前進。我的婚姻之路走了三十多年，途中不乏節奏不一、磕磕碰碰的時候，也難免會受傷，但我很慶幸，這條路、這個修行，先生始終與我同行，我們終於放下自己，逐步邁向圓滿。

回首數十年的婚姻路，我的心中滿是感恩，感謝他、更感謝上蒼，也想起少女時期的期盼，原來，正直可靠的良人、幸福美滿的家庭，我早已得到了。

婚姻相談室

諮商心理師、國北教大心理與諮商學系　孫頌賢教授

在婚姻中的人容易有一個毛病，就是會以自己的解讀做全世界的解讀，會用這個想像，去想像對方應該也是要這樣想，就像我們都會希望對方是照顧跟回應我們的。

這個故事與前面講的惡性循環有點重疊，他們其實並不是改變對方，而是改變解讀對方的方法。

我覺得觀功念恩是在訓練一個人的知覺移動到別人身上，訓練你要觀察別人，看看別人做了什麼好事，然後感謝對方。就像以心理學來講，它最大訓練是不要一直把知覺放在自己身上。

婚前覺得對方的個性本來是吸引人的，婚後卻變得不好，就是因為在婚姻當中，我們會越來越希望對方會以我的需要為主。其實對方都沒有變，可能以前到現在，某些東西都是一樣的，但為什麼會有一個新的、一個偏頗的解讀？

就是因為雙方都會以自己的需求為主，你現在沒有照顧我的需求，就會產生一個偏誤的解讀，那會是一個很僵固的看法，好像雙方眼睛帶了一個濾片，覺得對方的行為，每一件事情都在否定、不在乎自己，類似這樣負向的受傷感。

所以我覺得故事中這對夫妻要做的事情，不是要改變他們的行為，而是他們必須要再停下來，重新理解眼中所看到的對方，真的就是他自己感覺到的。夫妻間對彼此的了解應該要一段時間更新一次，對方永遠都不是你想像中的那個樣子，過一段時間都應該要告訴自己說：我真的了解我的另一半嗎？也許他都沒有變，可是我們自己會改變看對方的角度。

所以要從此檢討，或是檢查自己，我現在想的他，跟他現在的樣子會不會是很不一樣的。

電影《百年好合》裡有一句詩我很喜歡：「隻眼開兮隻眼閉，只記好兮不記壞，箇中奧妙在其中，百年好合笑呵呵。」有時候婚姻當中就是所謂的一隻眼看、一隻眼閉，並不是逃避，而是你看到的他就是這樣，不要再相信你腦袋想到的「他就是不愛你」，因為很難檢討我們怎麼解讀，我們也許解讀錯誤，或是偏頗。所以這句話是說：你先看看他的好，記他的好。

記一個人的好比較不容易太偏頗，就像觀功念恩的概念，你先觀察到他的好，不太會變成是你偏頗地看他，這樣做是比較不會走上一個錯誤的路徑。

所以其實要建設自己的心態，去想說你有沒有主觀認知？有沒有偏誤？因為那個人可能從你婚前到婚後，他其實都沒有改變，只是你的認知改變。加上再重新去確認說，我今天是不是更多了解我的另一半，這種感覺要常常更新。

當然這個先生可以改變他的發球方式。

是不是可以調整一些行為，這叫發球方式。可是有時候，婚姻中也要試著調整接球的方式，因為可能有些人一輩子的發球方法就是這樣。怎麼發球、接球都是要調整的，可是我們要先知道調整什麼？很多夫妻可能會覺得已經有溝通了，但有些溝通好像都在表面事情上。

如同故事中的夫妻要解決問題，如果不喜歡先生買石頭，那就不要買，是這個問題嗎？傷你的是這個嗎？還是其實先生講話的時候，太太就會聽成你是在嫌棄我？那個對話出來的時候，就會發現發球跟接球都要調整，這樣對彼此都有幫助。

● 訓練自己不要一直把知覺放在自己身上，多去觀察對方做的好事並感謝他。

● 記一個人的好，不易發展成偏頗的解讀，不會成為錯誤的路徑。

● 夫妻間隔一段時間就要停下來，更新對伴侶的理解，檢查自己現在想的對方，是否跟他的樣子很不一樣，才不會陷入主觀認知的心態。

國家圖書館出版品預行編目(CIP)資料

愛是從日子裡透出來的光／福智文化編輯室作. －初版. －臺北市：福智文化股份有限公司，2024.02
面；　公分. －（亮點；10）

ISBN 978-626-97627-9-8（平裝）

1. CST: 婚姻　2. CST: 兩性關係　3. CST: 生活指導

544.3　　112022617

愛是從日子裡透出來的光

亮點 010

作　　者　福智文化編輯室
責任編輯　郭美吟、廖雅雯
文字協力　廖雅雯、劉子維、李慰萱、蘇曇、江敍慈
美術設計　賀四英
排　　版　陳瑜安
印　　刷　富喬文化事業有限公司
特別感謝　孫頌賢

出 版 者　福智文化股份有限公司
地　　址　105407臺北市松山區八德路三段212號9樓
電　　話　(02) 2577-0637
客服Email　serve@bwpublish.com
總 經 銷　時報文化出版企業股份有限公司
地　　址　333019桃園市龜山區萬壽路二段351號
電　　話　(02)23066600 轉 2111
出版日期　2024年2月　初版一刷
定　　價　350 元
I S B N　978-626-97627-9-8